相場名人
信条と生き方

――戦後のCX《商品先物》市場を彩る56人――

鍋島 高明

目次

【東日本編（東京・横浜・前橋・札幌・小樽・函館）】〈五十音順〉

【西日本編（大阪・神戸・下関・福岡）】〈五十音順〉

東日本編

（東京・横浜・前橋・札幌・小樽・函館）

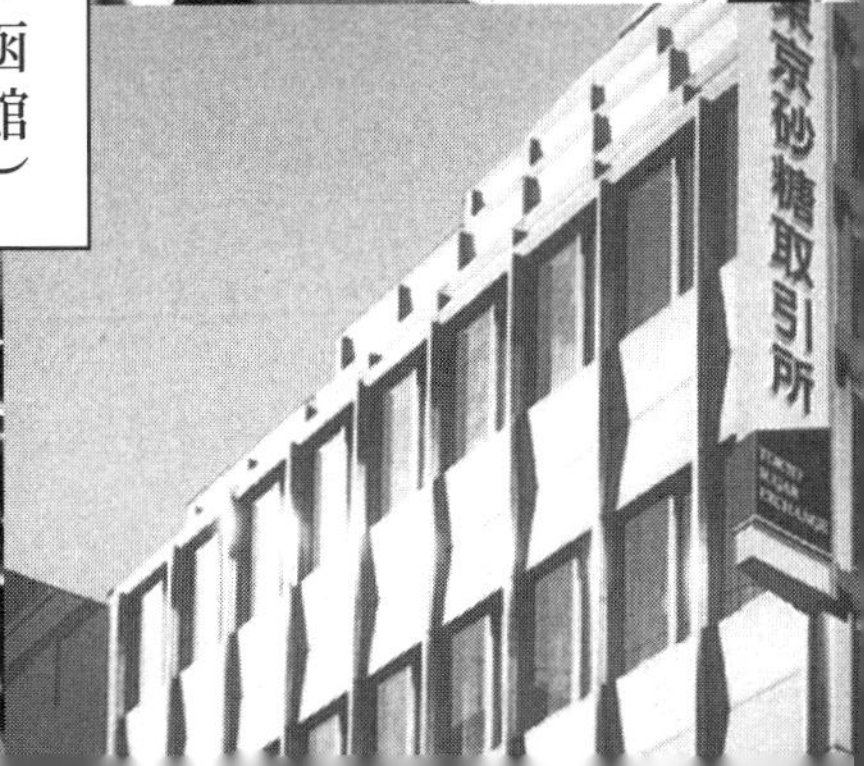

石橋　治郎八

生糸相場で負け知らず

欧州大戦景気で生糸の街横浜が沸き立っていたころの話だ。全国から生糸相場に賭ける勝負師たちが集まっていた。紀州の吉村（友之進）将軍、その参謀格が熊本の坂本覚平、郡山の松葉（喜助）将軍、地元を代表する田《でんた》将軍、電光将軍・小島兼太郎たちが入り乱れて思惑を競っていた。

そんな時、生糸仲買の雄・神栄生糸に籍を置く石橋治郎八は「天馬空を行く」と題し、生糸相場の分析・展望を語った。60キロ当たり２０００円台の時、「大正８年暮れには５０００円に暴騰するが、翌年上半期には一転１０００円に暴落するだろう」と大予言を唱えた。

石橋予言に将軍たちが飛び付いて、田将軍などは「５０００円相場とは、石橋君もなかなかえらいことをいう。でも１０００円はないだろう。証拠金はいらないから、おれの店で先物を買えよ」と最上客待遇で手を差し伸べてくれた。将軍たちが一斉に買いまくったため、相場は急上昇、大正9年1月には4400円にはね上がった。

このころ、米龍という横浜関内で名妓の誉れ高い芸者が当たり屋治郎八のうわさを聞きつけて、「石橋さん、わたしにももうけさしてよ」とすり寄ってきた。1000円（現在なら数百万円）持ってきて買った。先物取引特有のレバレッジ（テコの原理）が働いてすぐ倍になった。

石橋「姐さん、この辺でやめたほうがいいですよ」

米龍「あなたは5000円になるといったじゃないの。あたしゃやめませんよ」

大正バブル崩壊を見抜く

空前の4440円という高値をつけたあと相場は石橋予言通り急降下していった。米龍は欲をかいたばかりに、手仕舞い時を失って1000円の証拠金（担保）を無にしたうえに1000円の足を出してしまった。

「年の暮れともなって、商売柄金は要るし、金はなしで、わたしのところへ泣きついてきたので、わたしが相場を張って、損した分の面倒をみてやりました」（石橋談）

大天井から1年後の大正10年1月には1570円の安値をつけ、生糸取引所は総解け合いという異常事態となるが、石橋はみずからの予言に従って2000円から売り込んで大もうけ。売りの根拠はソ連の経済学者、ヴァルガの経済理論を生糸相場に当てはめたことで、勝利をものにした。このころには石橋の相場見通しはよく当たるとハマの評判になる。

相場観測に絶対的な自信を持ち始めた折しも、神戸本店への転勤を命じられる。しかし、横浜に来て20年、すっかりこの地に人脈も築いた石橋は転勤を断り、1万円の退職金で石橋商店を設立、独立する。昭和3年、40歳のことだ。

昭和7年、世界恐慌のあおりで生糸相場は暴落、6月1日には400円の安値をつける。大正バブル相場からみると実に10分の1に暴落した。これより先、アメリカの生糸輸入商で相場師のジャーリーが神戸の旭シルクを通じて一手に買いに入るが、日本の相場師たちが売りたたいてとうとう400円の最安値をつけ、さすがのジャーリーも先の買い契約の解約を申し込んでくるほどだった。

儲けた金は預かりもの

この恐慌下で、石橋は積極策に出る。

「人が見向きもせぬ時に沼津工場を20万円で買い、千葉の安孫子工場と岐阜の稲沢工場を二束三文で買いました」

不況に耐えかねて製糸工場を打ち壊すような時代に、工場を買うなど狂気の沙汰であり、「製糸家なんかに嫁をやるな」とまで言われた製糸不況を尻目に石橋はあえて製糸業に進出し、逆張り戦法に出る。後年、「農村救済の理想を掲げて製糸業を始めた」と語っているのは、大向こうをうならせようと意気がったきらいがある。石橋は自伝「シルク紳士まかり通る」で述懐している。

「相場を張るということは、大変なエネルギーを要する仕事である。普通の神経では、相場の上がり下がりのたびに、のぼせ上がったり、蒼ざめたりで、ノイローゼになってしまう。私は生涯の大部分をこの道に精出しながら、相場の動きが心配で眠れないということはなかった。健康と、もう一つ秘訣がある」

それは、もうけた金は他人様から預かったもの、損した分は他人様に預けたものだという考えに徹してきたからである。

経済評論家で日本経済新聞社社長を務めた小汀利得《おばまとしえ》は、石橋の自伝を評して「つねに『無一物、無尽蔵』の瀬戸際に身を置きながら、それを克服してきた勇気に満ちた根性は、まったく敬服のほかかない」と脱帽した。

信条

・基礎調査を相当やり、自分のカンを活かす。これはいくら大学を出ていてもダメです。相当苦労しなければ、このカンとコツは出てこない

・自分のものやカネを自分のものと考えない。預かっているものと考える。自分のものだと思うから神経衰弱になって頭が狂ってしまう

・好況の時は仕事をやらない。不況、不況をねらってやる

【いしばし　じろはち　1888～没年不詳】

明治21年石橋佐太郎の長男として兵庫県氷上郡春日町出身、同38年大阪商業学校卒、一時ライジングサン石油会社に勤め、同41年神栄生糸入社、昭和3年独立し、横浜で石橋商店を開業、同8年沼津に石橋製糸所を設け、第2次大戦中神津牧場などを買収し、水陸興産財団理事長、同23年沼津商工会議所会頭、同33年5月から同35年1月まで横浜生糸取引所第3代理事長。自伝「シルク紳士まかり通る」（わせだ書房刊）がある。（写真は「シルク紳士まかり通る」より）

越後　正一

計算上の利益は絵に描いたモチ

「相場の神様」には会社勤めは似合わない。まして大企業の経営風土は「神様」を敬して遠ざける。伊藤忠商事の社長・会長を18年間務め、伊藤忠の黄金時代を築いた越後正一は異色の相場師兼経営者といえる。

越後が日本経済新聞社「私の履歴書」に登場するのは昭和50年9月のことだが、「相場の神様」の片鱗をうかがわせる。

手仕舞い時が分かれ道

「相場に最も大切なことは、先行きの見通しであることは間違いないが、それをいつ手仕舞うか、つまり売ったものは買いに、買ったものは売りに、いつ転じるかという、その転機が成功、不成功の分かれ道になる。計算上いくら利益があがっていようと、実際にそれを手に入れなくては、絵に描いたモチにすぎない」

「計算上の利益」に酔い、「絵に描いたモチ」を喜ぶようでは、相場道の初心者にすぎない、と言いたいのだ。

越後が繊維相場と本格的に闘うのは、昭和23年、登龍門と呼ばれた名古屋支店長に任命されたころだ。当時の名古屋には繊維相場の大仕手が顔をそろえ、時には華やかに、時には凄惨なまでの仕手戦を繰り広げていた。そこで近藤紡績所の近藤信男を知る。

近藤は越後より2歳下だが、雷名はすでに戦前から轟いていた。「近藤さんは人も知る日本一、二の紡績王で、相場の大仕手。私とは互いに最も大きな取引をした相手であったが、不思議とよくウマがあった」(「私の履歴書」)

近藤さんこそは心を許した友でした――そう言い切る越後。昭和48年、狂乱物価の最中、近藤が亡くなった時、葬儀委員長を務めたのは越後だった。

名古屋支店長時代の越後を刺激した一つの出来事がある。福井支店長だった後輩の藤田藤(後に副社長)が繊維相場で巨利を博し、重役のキップを手にしたことだった。負けん気の人一倍強い越後の闘争心をかき立てた。

昭和26年の諸繊維暴落に際しては大胆なカラ売りを仕掛け、当時の金で10億円を超す奇利を収め、見事に登龍門をくぐり抜けた。このころから「相場の神様」と呼ばれるようになる。そして、念願の大阪本社綿糸布部長のポストをつかむ。当時の綿糸布部は伊藤忠の表看板であり、部長たる越後は千両役者である。

だが、時は越後に味方しない。昭和28年3月にはスターリン暴落、同年7月には朝鮮動乱終結でまた暴落、糸商の倒産も続出する。越後は繊維惨落の後始末に、大手紡績各社を回って平身低頭、契約の解消をお願いする羽目となり、これでは千両役者もかたなしである。

越後は相場で苦戦した当時を振り返って「相場はホントに難しい。罫線はもとより八卦にも頼った」とし、こう述べている。

「買いの時は下腹にぐっと力を入れてヨッシャと買える。ところが売りの時は同じ要領では売れないものだ。……結構名のある相場師が私のところへ何度も教えを乞いに来た。田附将軍と言われた自分の親父の本を出した『田附』の田附さんも同じこと。そして消えていった」（真島弘編著「江州商人越後正一」）

欧州大戦景気のころ「将軍」と称された田附政次郎の御曹司でも相場がわからなくなると越後のもとへ駆け込んできたという。

「近藤紡の近藤さん、豊島の塩谷さんらが大きく張る中で、私も日がな一日、目を赤くして血みどろの戦いを展開したが、その心労は筆舌に尽くしがたい。大胆な売りを続けて当時のカネで10億円を超える利益を上げた戦果の陰で味わった苦しみは、経験したものでなくては理解できない。夜中にがばっと飛び起きる。何かひらめきがあったという感じで起きるわけだが、そのつど家内をびっくりさせたものである」（同）

繊維相場の荒波乗り切る

しかし、生来ネアカの越後は立ち直りも早い。昭和30年、常務に抜擢されると、あとは一瀉千里、昭和35年には第5代社長に就任する。59歳。入社の時、同僚たちに比べ月給半額というハンディを背負っていた越後がみるみる頂点に上り詰めたのは、「利食いしてナンボのもの」という創業者伊藤忠兵衛以来の成果主義のたまものであったろう。

越後が終生、座右の銘としていた言葉がある。神戸高商時代、英語の先生から教わった一節がそれである。「The sun is always shining behind the dark clouds.」（太陽は暗雲の彼方でいつも輝いている）

古来、暴れることで知られる繊維相場は有名無名の相場師たちの野望を打ちくだき、相場の恐ろしさをいやというほど見せつけた。越後がその繊維相場の荒波を乗り切ることができたのは、黒雲の彼方に太陽の輝きを信じて疑わなかったからに違いない。

信条

・相場判断は商品の継続的な需給関係を中心に据える
・過去の相場の上げ下げの値幅と期間を最重要ポイントに置く
・全体としての景気動向と長年の経験からくる勘で決断する

【えちご　しょういち　1901～1991】

明治34年、滋賀県彦根市出身、八幡商業、神戸高商（現神戸大学経済学部）を経て、大正14年伊藤忠商事に入社、昭和23年、名古屋支店長時代に大相場師、近藤紡績社長の近藤信男を知り、繊維相場で実績を上げる。同27年、会社売り上げの30％を占める綿糸布部長就任、同30年常務、同34年専務、同35年第5代社長に就任、「相場の神様」と呼ばれる。同49年会長、同53年相談役。（写真は「伊藤忠商事100年」より）

亀井　定夫

相場は心理競争

亀井定夫は相場の盛んな和歌山県の出身である。紀文こと紀伊国屋文左衛門の昔から数え切れないほどの相場師を兜町や北浜・堂島へ送り込んできた。かつて、兜町には「紀州閥」という言葉もあったほど。

亀井は初め野村証券に入り、のち商品先物の世界に転じた。「赤いダイヤ」の小豆相場の盛んなころの話だ。亀井が商品先物に鞍替えしてほどない、昭和38年の春、専門紙が亀井を取り上げる。亀井が買収した山文産業の相場観がズバズバと的中し、業績も急浮上したからマスコミも放ってはおかない。

「山文は急速に頭角を現した店である。経営陣一新で昨年9月に再出発して以来、シルクブームに沸く生糸の大量買いで軌道に乗り、久々に高値波乱を示した人絹糸で大当たりを取り、小豆の建玉も波動に乗って、……『当たり屋の山文につけ』という合い言葉さえ生んだほどだから、お客さんが日を追って増え、店内はひといき

いれでムンムンする」(「投資と商品」昭和38年5月5日号)
そして亀井が言葉を選びながら語り出す。
「現在トップクラスにある仲買店の大半が〝ノミ屋〟との評判があるのは業界にとって残念なことだ。それにはまず顧客と共に栄えるよう営業方針を改めねばならない。そして社会的な評価を高め、仲買店の地位を向上させるよう業界全体が努力すべきと思う」

「私はこうして商品相場で儲けた」

亀井の指摘からほどなく、商品相場は世論の指弾を浴び、その極点に達するのが昭和45年のことだ。商品先物取引の信頼回復まで「全治10年」とさえいわれる中で、亀井定夫の著書「私はこうして商品相場で儲けた」が出る。出版から40年以上たった今も古書街でけっこう高値を呼んでいる。亀井は「まえがき」で出版の意図するところを述べている。

「商品取引における損得は盾の両面に似て、損をする人があれば、その反面必ずもうける人が存在する。ところが、もうけた人たちの実体はほとんど報道されていない。損はかれこれ話題となり、得は話題の的からはずされる。商品取引を愛好する私にとっては、誠に不本意なことではある。もうけた人たちがあまり表立たない主因は、税金と関係があるからであろうか」

そのころ、商品先物取引を巡って「客殺し」が社会問題になり、数多くの投資家が相当額の損失をこうむったのは否めない事実であり、その損失のゆえに社会悪視された。商品先物をこよなく愛する亀井は、みずからの実戦の記録を世に問うことにしたのだ。

亀井は「商品相場は、資本対資本の闘いであると同時に、人間の心理対心理の闘いでもある。一人一人の精神力が成功、不成功の結果に、大きく影響する」と考える。

曲がり屋の意見を聞く

「相場は心理戦争」とみる亀井は相場技術より、精神面の鍛錬を重視する。初心者の間はよい指導者につき教えを乞うことが肝要だが、やがてみずからの判断で売買を決断することが必要になる。亀井は言う。

「この段階になると、『自信と信念』をもって事に当たらねばならない。自分の意見を持ち、自分で決めた方針で売買する、いわば一人前になったら自分の思い通り相場をすればいいが、決して独善的な考えをしないことだ。曲がっている人に意見を聞くことも大切です」

そして「反省」を強調する。プロの棋士が対局後に時間をかけて検討し合うように、相場も一戦終わったら、勝因、敗因を点検、分析して次に備えよと訴える。

亀井は「失敗した時の退却の見事さ。損切りが大胆にできる人だけが、最後の勝利者になれる」と説く。と同時に、「待つ」ことの重要さも強調する。もうけた後は気の緩みから安易に出動しがちだが、これは失敗のもと、「調子に乗るな」と警告する。

そして素人の投資家にこうアドバイスする。

「商品相場は楽しみながらやっていく程度にすればもうかるし、苦しみながらするようでは損をする。そのくらいに考えて自分の分に応じた売買をするのが良いのである」

信条

・罫線の研究ほど労多くして功の少ない仕事はない
・一度仕掛けた以上は、当たった場合は大きくもうけ、外れた場合は、損を最小限に食い止める努力をする

・大勢に従う。アヤを取ろうとすれば失敗する
・機ヲ待ツハ仁、機ヲ察スルハ智、機ニ乗ズルハ勇

【かめい　さだお　1919～】
大正8年和歌山県出身、昭和16年大阪商大高商部卒、野村証券の社長、会長を務めた北裏喜一郎と縁戚関係にあり、同年野村証券に入る。終戦を機に野村を退社、一時化粧品の製造、販売をやるが、同28年山文証券に入り、証券界に返り咲く。同29年山文証券と山文産業両社の吉祥寺出張所長となり、そこで後に山梨商事を創業する霜村昭平と出会う。同37年商品取引の山文産業の営業権を取得、社長に就任。著書に「私はこうして商品相場で儲けた」（昭和46年刊、八興商事出版部）がある。（写真は「投資と商品」昭和38年5月5日号より）

川村　佐助

近藤紡、山種を撃破し糸将軍

川村佐助が「糸将軍」として脚光を浴びるのは昭和32年ころのことだ。経済雑誌が「繊維不況を喰う川村将軍」と題し、こう持ち上げた。

「糸相場が暴落する。機屋が倒れる。商社が店じまいする。繊維会社の重役があわてる。そのたびに億近い札ビラが舞い込む男がいる。繊維不況を食い続けてきた男、人絹相場のスター、桐生の糸商、川村佐助である」

当時のカネで20億円という巨額の軍資金を用意して人絹糸（レーヨン）を買いまくる中京の雄、近藤紡社長の近藤信男を向こうに回して果敢に売って出る。「東の川佐、西の近藤紡の対決」とマスコミを喜ばせた両雄の死闘は、折からの金融引き締めも味方して、佐助の大勝利に終わる。

近藤紡がへたばった後を受けて買い方に陣取ったのが山崎種二。さすがの山種も糸相場は勝手が違ったのか、佐助の敵ではなかった。佐助は自伝の中で、往時を反髣しながら語っている。

「山種証券社長の山崎種二氏はさすがに『相場の神様』と異名を持つ、生まれながらの相場師で、その経歴、資金力、相場度胸などもずば抜けていましたが、それでもいつとはなしに繊維相場から撤退していきました。向こう3年間売り通しました。飛ぶ鳥を落とす勢いとはまさにこういうことをいうのでしょう」（「足るを知るこころ」）

自信過剰と慢心は禁物

「糸将軍」「川村将軍」と書き立てられているうち、佐助に獅子身中の虫が宿るようになる。それは「慢心」という相場に生きる者にとっては最も危険な心の病であった。調子に乗って売り進むうち、深追いし過ぎて、引くに引けないところに陥っていたのである。

「ある日気がついてみると、回りは買い方ばかりになっていました。多くの有力商社も相次いで買い方に席を移し、このため孤立無援となった私は、とうとうカラ売り玉のすべてを買い戻さなければならない羽目に陥ったのです」（同）

繊維相場の流れが上げ潮に転じていたのに気づかなかったトガメである。昭和37

年、1億数千万円もの負債を抱え、川村株式会社は倒産状態に追い込まれた。この時64歳。再起不能説が広がる中で、佐助は債権者の間を奔走して、支払い猶予を懇願して回った。すると、「川村さんを助けてやれ」との声が起こり、地元桐生では市長が音頭を取って「励ます会」まで開いてくれた。

モラロジー（道徳科学）を実践

日ごろからモラロジーを実践する佐助は、社会奉仕や公共施設への寄付に余念がなかっただけに、苦境にはまった今、あちこちから救いの手が伸びて佐助は生き延びることになる。

伊藤忠商事も債権者だった。大阪本社に相場師としても名だたる越後正一社長を訪ねた。越後は開口一番、「相場で損した奴はダメだ」。越後の言葉を補足すれば、「相場という命を張った大勝負で、負けたから支払いを先送りしてくださいはないよ」という意味だろう。

越後とすれば、先頃まで〝将軍様〟と謳われた佐助の零落振りに相場の厳しさを改めて知ると同時に、同じ相場の世界に身を置く者として、この男を殺すに忍びないと憐憫《れんびん》の情が沸いたのであろうか、救いの一言が飛び出した。

「相場で負けて損を勘弁してくれと頼んで回る相場師はほとんど見込みはないが、あんただけは見所がある」

以来、7年かかったが、返済を終え、古稀を迎えるころには川村は再建された。佐助は晩年、語っている。

「相場の道は険しく、自信過剰と慢心は禁物です。心が傲慢になれば油断ができる。自惚れが頭をもたげてくる。これが命取りになるのです」

佐助は中国の故事、「足るを知る者は富む」を座右の銘とした。佐助を囲む会を「知足会」と名付けた。

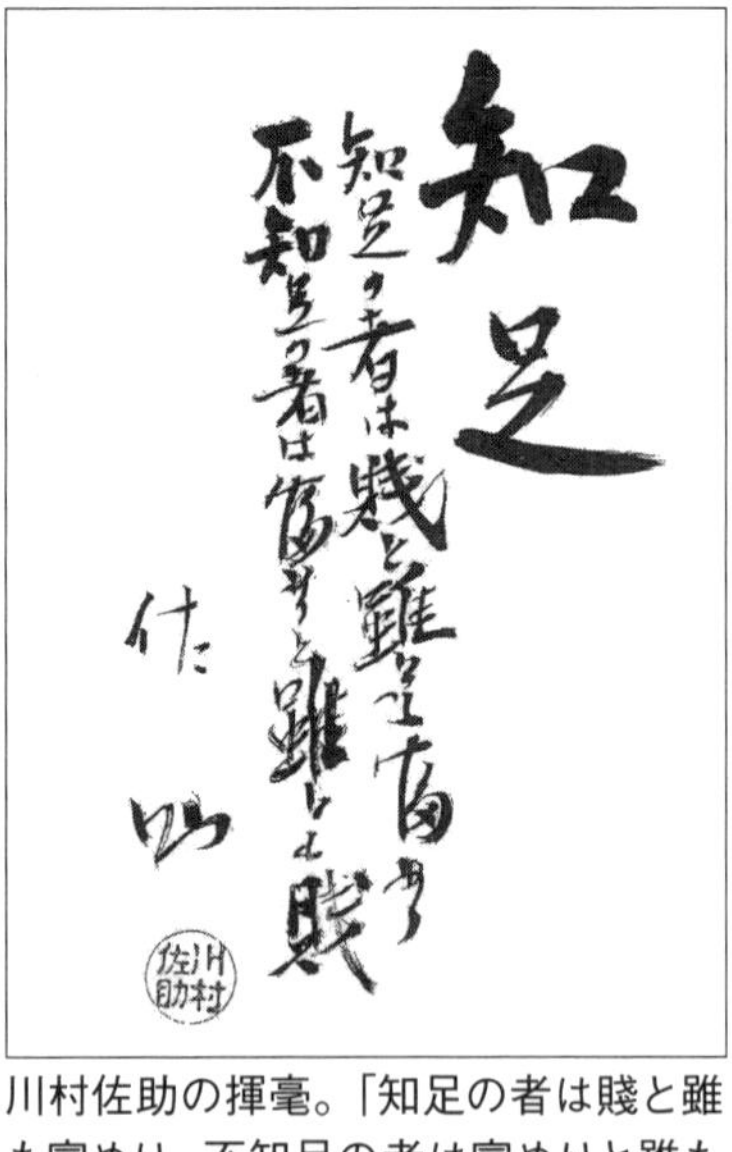

川村佐助の揮毫。「知足の者は賤と雖も富めり。不知足の者は富めりと雖も賤」

信条

- 足るを知る者は富む
- 自然の流れに逆らうな

・盛時は驕らず、衰時は悲しまず
・自信過剰と慢心は禁物
・天井を打つまで買い、底をたたくまで売る。天井や底は後になってから分かる。そこから転換しても遅くはない

【かわむら　さすけ　1898〜1989】

明治31年岐阜県郡上八幡町で生まれた。父河崎金之助は糸繭買いだった。同45年高等小学校卒、京都の川村佐兵衛商店に奉公、糸相場で才覚を発揮、川村家の婿養子となり、群馬県桐生支店長。のちに川村佐助商店として独立、昭和32年人絹糸相場で近藤信男、山崎種二を破る。モラロジーを実践、郡上八幡名誉町民第1号、桐生名誉市民。著書に「足るを知るこころ」がある。（写真は自伝「足るを知るこころ」より）

栗田　嘉記

「相場をとったら何も残らない」

昭和40年代は小豆や生糸の商品相場が最も賑わった時代である。当時、静岡に根城を構え、大相場を張ったのが栗田嘉記。通称「静岡筋」。桑名の本陣に立てこもる「桑名筋」こと板崎喜内人と双璧の大物相場師である。

栗田は日ごろ「私から相場を取ったらなにも残らない」と口癖のように言っていた。栗田にとって相場は生きている証しであり、建玉は栗田を夢見心地にしてくれる。建玉には無限の可能性があるが、ひとたび決済すれば、そこで夢は終わり、益金か損金か確定するだけだ。栗田にとっては、それは「排泄物」でしかない。栗田は言う。

「自分はお金が欲しくて相場を張っているのではありません。金もうけが目的なら株の買い占め屋のようにやりますよ。好きなんです、相場が。相場でもうけたら、また新たな相場を張るのです。これ以外にありません」

浮沈極まりない栗田の相場人生で最も振幅の激しかったのは昭和47年のことだ。生糸相場の買いで25億円の現金を手にし、未決済の計算上の利益を含めると、55億円を稼いだ男が1カ月後には14億円の損を抱え込む。

昭和47年11月16日、静岡市内の栗田の事務所には債権者が大挙して押し寄せた。東京、大阪、名古屋、大阪から大手商品取引員の幹部十数名が集まった。彼らはいずれも栗田の機関店で、足を出した金額は、中井繊維の4億7000万円、角田2億8000万円、明治物産2億2000万円など18億円に達した。これに対し、栗田の資産は野村証券、資生堂、月島機械などの株券が4億円あり、差し引き14億円の負債が残った。

債権者に土下座する「静岡筋」

債権者たちを迎える栗田はマンションの入り口で直立不動、表情は憔悴し切っていた。

「彼が次の瞬間、ガクっとひざを打って身体を二つに折り、頭部を畳にすりつけて陳謝した。『皆様には、まことに大変なご迷惑をおかけ致しました。お許しいただけるものであれば、どんな処置でも甘受致す覚悟であります』。そして栗田は全身で慟哭、懸命に苦しみに耐えていたのであった。その姿に債権団は人間的な誠実さを感じざるを得なかった」（藤野洵著「群伝七人の相場師」）

巨額の負債を抱えて破綻した栗田を週刊誌記者が襲うのは債権者会議からほどなくのことだ。栗田は口惜しさをにじませながらこう振り返った。

「長期的な展望に誤りはなかったが、中期的な展望を間違えました。……あとはご覧の通り、自ら渦中の人となり、火事を起こした当人が消すことを忘れたような次第で、追い証切れで負けました」（「週刊サンケイ」昭和47年12月8日号）

空前の仕手戦に敗北し、債権者に土下座してわびた栗田が半年後には甦るのだから、相場は一夜大尽・一夜乞食の世界である。そして前出の債権者の中から「栗田を殺すな」と資金援助の動きが出てくる。中井繊維の中井幸太郎や角田の角田純一の助けで再び商品先物市場に「静岡筋」の名が登場する。

黄金力に人間力で人気抜群

栗田が若い時、迷惑をかけた明治物産のオーナー社長の鈴木四郎は「あいつは今に偉いことをする男になる」と期待を寄せていたが、栗田の復活劇はド派手だった。2年後の昭和49年には乾繭で数十億円といわれる利益を上げ、さらには大手亡豆（白いんげん豆）でも戦後最大の仕手戦で主役を演じた。

相場記者の大御所、鏑木繁が「戦後最強の相場師は、やっぱり栗田かな」と語ったことがある。還暦を迎え円熟味を醸すかと期待されていた矢先、栗田の訃報が流れた。日曜の昼下がり、自宅の庭で鯉に餌をやろうとして足を滑らせて急逝したのだった。

他界して25年たったが、今も商品先物市場関係者の間で栗田の人気が高い。それは、栗田が莫大な額の手数料を業界に落とした黄金力だけではない。接した人が共通していうのは「知的な人で何をするにも誠意があった。人間的魅力が大きかった」――類いまれな人間力の相場師であった。

前出の週刊誌の記者が取材を終えて駅へ急いでいた時のこと。栗田は「ちょっと寄っていきましょうか」と件の記者を誘ってパチンコ屋に入ると、「追い証は自分でネ」とニコニコしながらパチンコ玉を分けてくれたという。パチンコの腕はプロ級だったそうだが、小市民感覚の大相場師だった。

信条

・自分の推理、推論が実際の相場で確証されれば、それで満足であり、真の喜びを感じる

・いつも潔い世界を形作り、金もうけ的な臭いがしない。雅びの投機師の生きがいであり、人柄もいい（同時代評）
・相場界のソクラテス。透徹した論理でファンダメンタルズ（需給関係）を読み解き、玉を建てる。

【くりた　よしのり　1932〜1992】
昭和7年、静岡県出身、同34年商品取引業界に入り、大手仲買明治物産に所属、営業マン兼相場師として活躍するが、同38年、小豆相場で大損して退社、同41年に生糸専門の取引員共同蚕糸に入り、「静岡筋」と称して頭角を現し、同47年には50億円ももうけ週刊誌は「昭和の糸平」と呼んだ。その直後生糸相場の暴落で14億円の借金を背負い込む。その後も浮沈を繰り返すが、平成4年没。（写真は藤野洵氏提供）

小島　兼太郎

猛烈な追撃戦、勇敢な退却

生糸相場の黄金時代に「電光将軍」と呼ばれた小島兼太郎。同時代評には「長脇差気分のこまやかな血の気の多い男で、どこまでも伝法肌（勇み肌）の任侠児」とあり、次のように伝えている。

「タテヨコいずれから見ても智勇兼備、一騎当千の強豪である。見給え、彼が曲がった時の勇敢な退却振りと当たった時の追撃戦の猛烈な戦法を！　こりゃいかんと思った時は踏んで、踏みまくるではないか。隼《はやぶさ》の如き鋭敏と石火的にひらめく英智は、時に市場人気を震撼せしめる」

小島が初めて相場と格闘するのは明治40年頃、相場師木村善三郎の買い占めにチョウチンをつけるが失敗、すっからかんになったばかりか、店にも迷惑をかける。この時、主人の若尾幾造（当時、横浜蚕糸外四品取引所理事長）にひどく叱られるが、さすがは若尾。「お前は女郎買いやバクチで取られたんじゃない。商売の見込みが違ったんだから仕方がない。この次は一生懸命やって取り返せ」。出世払いの証文を書いて許しが出た。

小島は2年間兵役に服すが、この時も相場を張った。後年、述懐している。

「娑婆に戻り、本格的に生糸相場と取組むべく想を練って実行したのだが、一向にさえない。兵舎で相場を張った時はあんなにうまくいったではないか」

ハマイト黄金期の電光将軍

小島が「電光将軍」の尊称を冠せられるのは第一次世界大戦下の波乱相場をうまく泳ぎ切ったからだ。親交のあった亀井定夫（元山文産業社長）が証言する。

「このスランプを抜けなければと焦れば焦るほど曲り方がひどくなるので、度胸を据えた。曲がるだけ曲がらなけりゃ、元へ戻れないんだと、煎餅焼きよろしくドテン、ドテンを繰り返した。これが結果的によい。一発当たれば、チャブついていた時の損は一挙に挽回しておつりがきた」

そして、もう一つ小島の自慢のタネは、ニューヨークの生糸市場で「ヨコハマにはヨシムラというグレート・スペキュレーター（大相場師）がいて、コジマと二人で相場を動かしている」という評判が立ったことだ。小島はこの話を伝え聞いた時、

最盛期の横浜生糸取引所の立会場（大正9年）

敬愛する吉村友之進とともに横浜生糸市場の立て役者として自分の名が挙げられたことに快哉を叫んだ。

横浜で仕手として市場を支配した吉村将軍こと、吉村友之進とは時として敵方に陣を引くことがあったが、多くは共同歩調をとり、侃々諤々《かんかんがくがく》激論の末、隊伍を組んで出陣した仲である。

昭和6年、世界恐慌下で生糸相場は暴落、買い場到来とにらんだ小島は和歌山から吉村を呼び寄せ、空前の大勝負に出る。小島は語る。

「吉村さんは鳴門という料亭に坂本という人と泊っていて、そこへ私が参加して坂本が軍師、私が玉を支配する。吉村さんはどっかと構えている。私たちは研究に研究を重ねて結論を出し、買い思惑を始め、4、5、6月と買って約2万俵、20万枚という空前絶後の買い思惑になりました」（日本経済新聞社編「相場今昔物語」）

吉村将軍とあうんの呼吸

やがてフーヴァー景気が起こり、吉村陣営では「この分だと1000万円くらいは固いぞ」などと皮算用を始める。が、軍師坂本覚平の寝返りで画餅に終わる。翌昭和7年、小島は米相場に挑戦する。「どうも糸はうまくいかんから米で儲けよう」。この時も小島は吉村を誘う。二人はよほどウマが合ったのであろう。しかし、小島にも吉村にも米の蛎殻町は似合わない。横浜こそ彼等の戦場であった。

世界恐慌下、横浜の生糸商たちは世直しをやろうと取引所の屋上に鯉のぼりを泳がせるが、小島は長さ25間（約45メートル）の巨大な鯉のぼりを押し立てた。当時のハマッ子は稚気満々たるものがあった。

かつて山梨商事の霜村昭平が山梨日日新聞の小林茂副社長との対談の中で、小島のことに触れている。

「この世界には立会のことを聞かないと、夜も昼も暮れぬというタイプが多い。私の周りにも85歳になる先輩相場師がいる。顔がつやつやしていて、驚くことに何月何日の値段がいくらということまで記憶している。緊張感のあまり、記憶が衰えないでしょうかね。自分の好きなことをやっていることと、動きを追う緊張感が刺激となって若さを保っているんだと思う」

信条

・相場は年中無休でやったんでは大勢はつかめない。春秋のうち1度当たればそれでたくさん
・出陣の機会がなければ、無理をせず、務めて休養が肝心
・利食った後、当たっているのですぐ仕掛けたくなったり、玉を増やしたくなる、それで失敗しやすい

【こじま　けんたろう　1888〜1978】

明治21年9月2日、国崎常吉の次男として群馬県に生まれ、小島福太郎の養子となる。同35年高等小学校卒、横浜の大手生糸商若尾商店に入る。同社仲買部で6年間修業、兵役のため退職、同44年広瀬取引店支配人として昭和16年まで経営に当たり、電光将軍と称される。同26年横浜信用金庫初代理事長、同年生糸仲買富士生糸を設立。（写真は日本経済新聞社編「相場今昔物語」より）

児玉　誉士夫

仕手戦のドタン場で出番

児玉誉士夫の商才の凄さは「児玉機関」に端的に現れる。太平洋戦争勃発前夜の昭和16年12月4日に創設された。北は満州から南は仏領北インドシナに及ぶ広域で海軍の必要物資を調達した。最盛期は500人を擁したと伝えられる。

「タングステンのほかにダイヤモンドなどの宝石、貴金属、米麦、ミカンまで扱ったが、圧巻は、太平洋戦争勃発直後に英、米、仏などの租界を接収し、租界にある倉庫から貴金属類やスズ、金塊を押収した時である。略奪したこれらの貴金属は一部は海軍省へ、残りは児玉機関東京事務所へ空輸され、彼の隠匿物資にされた。児玉が〝太平洋戦争でいちばん出世した男〟といわれるゆえんである」（竹森久朝著「見えざる政府」）

超インフレ下、児玉機関が猛威

戦後の超インフレ下、これら隠匿物資が猛威をふるう。児玉と田中角栄、小佐野賢治の3人はのちに〝刎頸《ふんけい》の交わり〟を結ぶことになる。3人に共通するのは貧しい家庭に生まれるが、太平洋戦争下でにわか成り金になったということだろう。

それでいてヤミ金融の帝王森脇将光のもとに何十回も金を借りにきた。それには児玉流の思惑があった。森脇が証言している。

「児玉は金がなかったわけではなく、右翼や暴力団なんかに頼まれて、金を貸すのに『森脇さんから借りた金だから、といえば、あとから請求しやすい』ということだったらしいね」（毎日新聞政治部編「黒幕児玉誉士夫」）

高利貸しのところにくるのは、皆金がないからだが、児玉は金はあっても借りにきた。児玉は借りた金は全部きれいに返し、期限に遅れることもなかった。

相場の世界で児玉の名前が出るのは、昭和30年、小豆相場の仕手戦の時だ。当時、東京穀物商品取引所の理事長で「相場の神様」と呼ばれた、ヤマタネこと山崎種二が自伝「そろばん」に書いている。

「なんと右翼の大立物児玉誉士夫氏が登場した。想像もしていない事態である。これまで相場が異常に急騰を続ける途中で証拠金を大幅に引き上げたり、その他あらゆる措置をとってきた。取引所の理事長としては、至極当然のことをしたまでであったが、私が売り方で、それら一連の措置が買い方に不利であり、小さな業者をいじめるためだったろう、との言いがかりである」

児玉は初め相場には興味を示さなかったが、反ヤマタネの仲買グループから担ぎ出され、小豆相場を買いまくる。

小豆の買い占めで巨利占める

「結局、相場は立会い不能に陥ったり、ヤマタネの空売りが告発されたりしたあげく、農林大臣、河野一郎が割って入った。児玉はこの買い占めで2億数千万円ものボロもうけをしたといわれ、河野の仲介でヤマタネが1億円の〝わび金〟を児玉に支払った、とうわさも流れた」(「見えざる政府」)

以後、児玉は数々の仕手戦、買い占め戦に参戦する。新立川航空機の場合は怪物、藤綱久二郎らが買い占めを策すが、ドタン場で児玉が登場して収まる。また、東洋精糖株を巡り、横井英樹、五島慶太が買い占めた時は、社長の秋山利太郎が児玉を担ぎ、児玉は大映の永田雅一を通じて解決を図る。さらには神戸製鋼事件。神戸製鋼が尼崎製鉄を合併後の昭和40年、内紛が勃発するが、児玉の登場で落着する。日ごろ「弱い者の側につく」と公言していた児玉だが、この時は「勝算のない側にはつかない」と軌道修正した。

信条
・仕手戦の終盤に参戦する
・弱い者の側につく
・勝算のない側にはつかない

【こだま　よしお　1911～1984】
明治44年福島県出身、京城商業専門学校卒、初め社会主義に傾倒、のち超国家主義に転じ、玄洋社の頭山満に師事、昭和4年昭和天皇に直訴しようとして投獄される。同13年海軍の嘱託となり、同16年上海で児玉機関を創設、商才を発揮する。北は満州から南は仏領インドシナに至る広域で海軍の必要物資を調達するものでタングステン、ダイヤモンド、米麦、ミカンまで扱う。同21年A級戦犯として逮捕され、巣鴨プリズンに入るが、出獄後巨額の資金を鳩山一郎の自由党に提供、ロッキード事件では病気のため公訴棄却となる。（写真は児玉誉士夫随想対談「われかく戦えり」より）

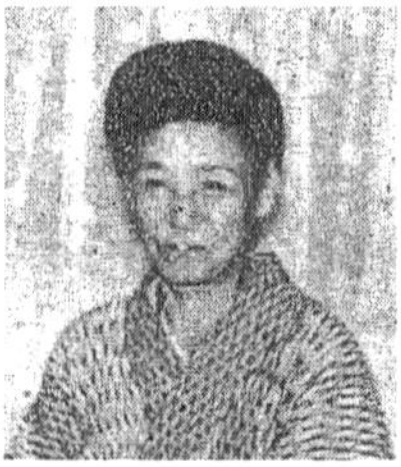

小室　あさ

場味を大切に、プロの領域

コメ相場の町、日本橋蛎殻町生まれの小室あさが相場の味を覚えたのは大正7年、コメ騒動のころである。夫が鉱山に失敗してスッカラカンになったうえ、病気で寝込んでしまい、生活費を稼ぐため相場を始めた。

「なんとかしてこれ（相場）で生き抜かねばと思って必死でしたから夢にまで相場の夢を見るようになりました。ところが、この夢がまた不思議といろいろ暗示してくれて、よく当たるんですよ。主人は3年間寝ていましたが、その間の生活費は全部この相場のもうけでやってきたわけです」

町内会の表彰を辞退

そのうち夫は亡くなり、子供2人抱えてやはり相場で食べていたが、世話する人があって再婚する。ところが、2度目の夫が中風で倒れ、7年間看病しながら男の子は大学、女の子は女学校を卒業させた。すべて相場のもうけで家計を支えた。このことが蛎殻町の評判になり、町内会長が「小室さんはなかなか偉い。一つ表彰しよう。相場の腕がよくって、蛎殻町らしくて、どうだろう」という話もあったが、あさは丁重に断ったという。昭和14年にコメの価格統制で、米穀取引所が閉鎖されると、兜町に進出、ここでも大分もうけた。

20歳ころから毎日、取引所に通う小室は、場味《ばあじ》※を大切にする。

「私は立会を見ましてね。ピンと来るものがあるんです。場に入っていきましてね、上げの時、陽に展開する時はなんとなく、ザワザワしていて活気がありますよ。下げの時はシーンとしてなんとなく陰気ですね。湿っぽい空気が流れている。それが第六感にピンと来ますね。自分でそう思って力を入れてやった時は大抵はずれませんよ。どうしても場味を見ませんとね」

※場味　単に「味」とも言う。①相場の調子・様子・気味・形勢または動き具合。②市場の空気。③売買の景気。（安達太郎著「市場用語辞典」による）

「チョウチン」は大嫌い

こう語るのは昭和35年当時のことで、もう還暦を過ぎているはずだが、立会ごとに東京穀物商品取引所を訪れ、そのころ人気絶頂の小豆相場の場味を探る。小室は「チョウチン」が大嫌いである。どこの店が買っているから買う、誰それが売っているから売るということは禁じ手だという。「相場は相場に聞け」と、立会場のセリの中から商機を見出す。

「大きくもうけたのは児玉誉士夫の買い占めの時でした。10枚くらいから始めて、そうですね、50万円くらい投資して1000万円以上もうけましたね。こういう風に相場を続けてやっているのも、要するに平均してもうかっているからですね」

小室が40年余りも蛎殻町を拠点に相場を張って異色の長寿の女相場師として生き続ける秘訣はどこにあるのだろうか。小室はきっぱりこう言った。

「利が乗ったらトコトンまで利を追いなさい。逆になったら早く見切る」

これは言うは易く、行うは難しである。

素人は利が乗ると「利食い千人力」とばかり、すぐ手じまいしてしまう。「早く売らないと元に戻る」と恐くなるからだ。逆に損勘定になると、なかなか切れず、「引かれ腰」ばかりが強くなって傷口を大きくしてしまう。桑名筋と呼ばれた相場師板崎喜内人はかつてプロとアマチュアの違いを聞かれて「一度の当たりで利が乗った時にどこまで耐えられるかということですな」と語っているが、小室は堂々たるプロの域に達しているといえそうである。

信条

・利が乗ったらトコトン追う。逆になったらすぐ手仕舞う
・立会場の空気で売りか、買いか決める
・仕手にチョウチンをつけない

【こむろ　あさ　生没年不詳】
大正7年米騒動のころ、夫が鉱山事業で失敗、生活費を稼ぐため相場を始める。昭和14年米が統制になったため兜町に転じ、株でももうける。第2次大戦後は再び蛎殻町に主力を注ぎ、児玉の買い占め戦では巨利を博した。

近藤　安男

学生時代に1億円つかんだ

近藤安男の相場師デビューは鮮烈だった。昭和36年、早稲田大学商学部を卒業するやいなや、東京蛎殻町に弱冠23歳の青年相場師が突然現れた。日本橋蛎殻町の東京穀物商品取引所のすぐそばに仲買店・シカゴ貿易を開業したのだ。週刊誌は「このギューちゃん、23歳で1億円、高校時代に株でもうけ、今はシカゴ貿易社長」と、以下のように報じた。ギューちゃんとは獅子文六の小説「大番」の主人公で、破天荒な相場師の代名詞ともなっていた。

「高校時代から株を手がけ、蓄財はすでに1億円――というウワサが流れるに及んで、蛎殻町界隈は穀物取引所始まって以来の騒ぎになった」（週刊公論・昭和36年7月10日号）

海千山千の相場師連中も、近藤の出現には「あんな青二才になにができる」と冷ややかな視線の一方で「いや、若僧といっても油断はできない。相場の恐さを知らないだけに大きいことをやるんじゃないか」と、学卒青年相場師あなどり難し、との意見もあった。

近藤安男は昭和13年、東京台東区の紙問屋に生まれ、都立四商時代から株に親しんだ。そして大学に入ると、本格的に株に取り組んだ。親に出してもらった20万円の軍資金がみるみるうちに1000万に膨れ上がる。一番最初に手掛けたのは三菱製紙。家業が紙屋だった関係だろう。さらに北辰電機、大隈鉄工を買いまくる。近藤は学生時代を回顧してこう述べている。

「なんということはない。やること、なすことが次々と当たっただけ。足掛け6年株をやってきたが、失敗した例はまずない。結局株は考えてばかりいてはダメで、どんどんやらなければうまくいかないものだ」

「生まれながらの相場師」の評

近藤が忘れられないのが、日清製粉をカラ売りしてもうけた一件である。皇太子のご成婚発表の3～4日前から日清製粉の株価が急騰する。近藤は発表当日に信用取引で売り方に回り、大もうけする。近藤は当時のことを神妙に語る。

「ぼくは日頃から人一倍、皇室を崇拝しているので、ご成婚でもうけたことは誠に申し訳ない。ほんとに気がとがめる。だが、売りか、買いか――という相場のカンがうまく当たったことがとてもうれしかった」

日清製粉に対するご祝儀買いで兜町は大にぎわいとなるが、近藤がひとり売り方に回ったのは、「会社と社長個人の家庭的な祝い事を一緒にして株主に特配するようなことを上場会社がするはずがない」との根拠によるものだった。

大学を出れば、当然証券界に入るはずが、商品先物の世界に投ずるのは訳がある。近藤は語る。

「株式相場が天井にきた観もあったし、小型の成長株を漁るようではもう天井は近い。それより将来性のある商品仲買人となって大いに勉強しよう。貿易が自由化されると商品取引所の活躍、活用が盛んになる。仲買業は成長企業である。それが動機です」

「株のもつ投機性にたまらない魅力を感じた」と言う近藤だったが、投機性という点では株の比ではない、小豆相場の世界に生きることになる。穀物相場のメッカ、シカゴにちなんだ社名は、将来的にはシカゴに支店を構える意図があったのかも知れない。

昭和38年、近藤がまた週刊誌を賑わす。「カブト町に出現した謎の青年、2億円をつかんだ24歳のド根性」と題し、次のように報じた。

「シカゴ貿易はわずか3年で、月間売買高は常に13位から15位を占める会社に成長したのは見事というほかにはない。うわさにしろ、2億円という大金を握って、蛎殻町を、ノシ歩く近藤青年を人は口をそろえて〝生まれながらの相場師〟という」(週刊サンケイ・昭和38年8月12日号)

毎月1日には母と大黒様へ参拝

近藤は意外に古風なところがある。事務所には大きな神棚を構え、毎月1日には母ハツヨと一緒に新小岩の大黒さまへお参りする。

取材記者と別れ際、近藤が弱音をはいた。「相場師って孤独ですね」。そしてほどなく近藤の姿が蛎殻町から消えてしまう。

相場界に精しい作家の沙羅双樹が近藤を評して「まれにみる勝負師的なカンと度胸の持ち主」と持ち上げたが、一夜成金・一夜乞食の相場の世界は長寿を許さない。特に風雲児には手厳しい。昭和41年5月近藤は東穀を退会する。

だが、刀折れ矢尽きての退場ではなかった。「人様に迷惑をかけることだけはするな」との母の教えを守った。以来、蛎殻町でも兜町でも近藤の名は聞かれなくなった。

信条

・金もうけの秘訣はただ努力あるのみ
・創造と調和の相場観により損失と闘争を排除し、同志の一大利殖を実現させ、日本及び世界経済発展の一助たらんことを誓う（社是）
・一度恩になった人のご恩は一生忘れない
・人間、義理を忘れたらもうおしまい

【こんどう　やすお　1938～現在】

昭和13年東京都出身、都立四商から同36年早大商学部卒、シカゴ貿易を設立、東京穀物商品取引所の仲買人となる。同38年には売買高ランキングで仲買人64社中の13～15位を占める。同41年には仲買人を廃業。持って生まれた勝負師的な優れた相場観で一代の風雲児となるが、相場師人生は短命だった。著書に「小豆相場のはなし」（昭和40年刊）がある。（写真は「投資と商品」、昭和36年6月号より）

坂本　嘉山

100億円稼いだ男

「商品相場で100億円稼いだ男」と自他ともに認める坂本嘉山にはファンが多い。坂本の相場セミナーなら最前列で聞くという信奉者が語る。

「身辺を飾らない人柄ですね。相場への取り組み方の前に、人間坂本嘉山のかもし出す和みの雰囲気、ギラギラしたものとは無縁のサカモトワールドにたまらない魅力がありますね」

坂本が初めて相場を体験するのが昭和44年ころだから相場歴はざっと50年。坂本が往事を述懐する。喫茶店経営が順調にいっていたが、もっともうけたいとの思いから金を預けた。

「相場をやったといっても外務員に任せっきりだから、相場をやったことになるのかね。まず400万円出して、お金が足りないというものだから300万円借りて追加した。喫茶店を担保にして不動産屋からお金を借りて……最終的にその喫茶店はなくなっちゃった」

坂本の初陣は惨たんたる結果に終わるが、先物の負けは先物で取り返してみせる、と先物業界入りを決断する。甲府市にあった中堅商品先物取引業者の店に入り、フルコミッション（完全歩合）営業マンとなり、自転車で1日50軒も回った。手数料収入はたかが知れている。みずから相場でもうけたいと、生糸、乾繭相場の研究に打ち込んだ。坂本は罫線の中から一定の周期、くせがあることに目をつける。

一代足を重視、大局張り

坂本は日足や週足よりも一代足（限月ごとに発会から納会までの値動きをグラフ化したもの）を重視する。目先の動きにはとらわれず、長期的視点で相場を張るというのが坂本の基本スタンスである。数ある上場商品の中で生糸・乾繭に対象を絞ったのにはわけがある。坂本は語る。

「山梨県は養蚕業の本場だから、製糸工場がいっぱいあった。現場を回っていると、いろんな情報が集まってくる。どこで繭不足になっているとか、どこのものが売れているとかね。こりゃ高いなとか、安いなとか、分かってくるんだよね」

罫線をにらんで一定の周期、くせを研究する一方、地の利を生かして情報を集め、さらに取組表をなめ回す。坂本のいう「手口の研究」がそれだ。いまだれが勝っていて、だれが負けている、こいつがそろそろ投げてくるころだとか、この曲がり屋に向かえなどと取組表の裏面を読み解いていく。

坂本が連戦連勝でその名が業界に知れるのは富士商品（現フジフューチャーズ）に転じたころだ。オーナーの立川政弘社長から300万円の支度金を出してもらい大豆を手掛けると、買いで取り、売りで取って大当たり、生糸、乾繭、ゴムなどと手を広げる。坂本と坂本のお客さんの預かりが富士商品全体の預かり金の70％を占めるに至る。

相場は見切りだ、外務員からオーナーへ

坂本の相場は地味である。決して大向こうをうならせるような派手な戦いではない。現物を受けたり、渡したりして買い占め、売り崩しでみずから相場を支配したい欲望にかられる相場師が多い中にあって、坂本は仕手本尊になろうとはしない。2番手、3番手に甘んじ、仕手にチョウチンをつけることすら恥としない。

坂本の相場人生で一番の大勝利は富士商品時代のこと。平成5年、当時富士商品の社長は寺町博に代わっていたが、寺町は前任の立川にも増して相場が好きで、し

かも投下する資金がケタ違いに大きい。その寺町との対決、それはオーナーとセールスマン、上司と部下の対戦である。

坂本「乾繭の寺町相場の時は、最初負けました。10億円くらいやられたかな。とにかく売るのは時期尚早と判断して、一度市場から離れることにした。そしてまた売りで参入して30億円取ったんです」

寺町の買いに売り向かって10億円損した坂本は一転画商となり、大量に所蔵していた在米の美術家ヒロ・ヤマガタの絵を放出したりしながらも乾繭相場の行方をにらんでいた。寺町の買いで天馬空を行く乾繭相場だが、1キロ当たり5000円という異常高値をみて、坂本は売り屋として市場に復帰する。

半年前の苦杯を返上すべく、売りまくる。最終的に、寺町の損は100億円とも200億円ともいわれた。坂本は30億円を稼ぎ、「100億円を稼いだ男」へ大きな一歩を踏み出した。

古来山梨県からは数多くの名相場師が出る。若尾逸平、雨宮敬次郎、根津嘉一郎、小池国三、小佐野賢治、戸栗享、霜村昭平……彼らはみな、猪突猛進、傲岸不遜など勇壮な甲州相場師群を表す四字熟語が当てはまるのに、坂本だけはどうにも当てはまらない。

信条

・相場は見切りだ
・仕手戦と聞けば血が騒ぐが、決して最前線には出ない。「シテ」というより「ワキ」に徹する
・たとえわずかな改善でも長い人生にとっては大きな変化である
・罫線は日足や週足より長期張りの指針となる一代足
・結局、突き詰めていくと「勘」だな

【さかもと　よしたか　1944〜現在】
昭和19年山梨県出身、魚屋の3男に生まれ、国鉄大阪電気工事局に入るが、すぐやめ、喫茶店を始め、同44年ころ商品相場に手を染め商品取引の丸静に入社、28歳で上京、岡地で歩合外務員となる。同55年乾繭相場で大損、小林洋行を経て富士商品（フジフューチャーズ）に入る。このあたりから相場運が上向き、「100億円稼いだ男」と称される。平成13年、セントラル商事を買収、社長に就任、現在は会長、商品先物取引会社を経営しながら投資会社「ウイン」を経営。坂本の半生を描いた劇画「風林嘉山――商品相場で100億円稼いだ男の相場道」（画　蒼田山）がある。（写真はセントラル商事提供）

笹川　良一

曲がり屋に向かえ

平成7年7月18日、笹川良一が96歳の大往生を遂げた時、日本経済新聞は「右翼・競艇・〝日本のドン〟」と題し、長文の死亡記事を書いた。笹川は国連平和賞を受賞、ノーベル平和賞にも意欲をみせていた。

笹川が初めて相場を張ったのは大阪府豊川村（現箕面市）で村会議員をやっていた当時だ。親の遺産を管理・運用してもらっている池田梅蔵の店でのことだ。池田は国粋会大阪本部副会長のかたわら、堂島で米の仲買人をやっていた。

笹川は「米相場をやりたい」と申し出るが、池田は「プロのわしでも損をするくらいだ。相場は甘いものじゃない」とぴしゃり。だが、笹川は池田親分がよく相場で損をしていることを知っている。親分の反対をやればもうかるはずだと確信する。笹川は「おっさん、今、売っとるのか、買っとるのか、どっちゃ」とたずね、「売っとる」といえば買い、「買っとる」といえば売る。親分の逆、逆といって、もうけを太らせた。

「曲がり屋に向かえ」の相場金言を実践して相場のコツを覚えた笹川は「金なんて、こんなに簡単にもうかるもんかいな」と思うと急に心の張がなくなって、相場から手を引く。そして国粋大衆党の運動にのめり込んでいく。みずからも相場に精しい作家の山岡荘八はその著「破天荒　人間笹川良一」の中で書いている。

もうけることに興味はない

「人はみな相場を金もうけするためにやるが、笹川はもうけること自体にはさして、興味も関心もない。彼が時に小豆相場などやるのは、生産者や消費者を守るため、つまり大衆の生活を安定させるための調整を図る狙いがあった」

というよりは、強引な買い占めや売り崩しによって市場操作を図る大仕手をぶっつぶすことが義人笹川良一の行動原理であった。仕手を撃つための錦の御旗が時に生産者のためであり、消費者の味方であった。笹川は「大義」を必要とする男だった。

昭和34年、黒糖価格が低迷して沖縄の生産者が苦しんでいた時、笹川が買い出動、台風の襲来もあって、大暴騰。笹川は大阪砂糖取引所を訪ね、「相場では負けた売り方が解合を望むなら応じる。価格は不当なものは要求しない。さもなくば取引所のルールに従って立会場で闘うぞ」とすごんだ。鈴木恭治理事長以下幹部が急遽上京、福田赳夫農相と対応策を協議するひと幕もあった。

相場は人生の大事ではない

〝北浜一のバクチ株〟と呼ばれた中山製鋼所の大仕手戦にも笹川の名が登場する。この戦争は昭和46年、甥の糸山英太郎が仕掛けたのが発端である。糸山は自著の中で書いている。

「私の名前がクローズアップされたのは、日本有数の大金持ちといわれた近藤紡の近藤信男氏を相手に演じた『中山株仕手戦』で主役をつとめ、この戦いに勝利を収めてからである」（怪物商法）

戦線の拡大で不安がつのる糸山は伯父笹川良一に相談、「おもしろいじゃないか。やれよ」の一言で大仕手戦へと発展する。188日に及ぶ乱戦の末、糸山が勝利するが、この時、表で踊ったのは糸山だが、裏で知恵をつけ、采配をふるったのは笹川だった。「おれは船舶振興会で忙し過ぎる。相場などやっている暇はない」といいながら仕手戦となるとじっとしておれなかった。戦いが終わって笹川は沢村正鹿大証理事長に語った。

「わしは昔から相場はやるが、人生の大事とは考えたことはない。相場は何かなす手段に過ぎんのだ」

信条

・金権エゴ（仕手）と対決する
・相場では法律、規則を守る
・勝っても世の中にお返しせんと元の木阿弥になる
・儲けたら人に施せば確実に残るんや

【ささがわ　りょういち　1899～1995】

明治32年大阪府豊川村（箕面市）出身、家業の造り酒屋を手伝った後、株や米相場で資産を形成、昭和6年国粋大衆党の顧問、総裁を務め、同17年翼賛選挙で衆議院議員選に当選、第2次大戦後、A級戦犯に問われ収監されるが、釈放。同30年全国モーターボート競走会連合会会長、同37年日本船舶振興会会長、同57年国連平和賞を受賞、ノーベル平和賞にも意欲を見せた。平成7年7月18日没。（写真は黒瀬昇次郎著「笹川良一伝――世のため人のために」より）

佐野　福蔵

株で大当たり、小豆で失敗

米相場の日本橋蛎殻町ではかつて「仲買人の寿命は3年有半」といわれた。相場営業の難しさを如実に物語る。売買高ランキングの上位にのし上がってきた会社は危ないともいわれたものだ。それを地でいったのが東京穀物商品取引所（東穀）の仲買人（商品先物取引業者）「交商」で、代表者が佐野福蔵である。

東穀の「二十年史」をみると、昭和36年の売買高ランキングのトップテンに突然交商が顔を出す。その前年、佐野は佐山忠商事を買収して、仲買人の権利を取得すると、交商と商号変更する。

佐山忠の昭和35年度の売買高は1万5037枚（35位）に過ぎなかったが翌36年（交商）には17万5632枚と一気に10倍強に膨らみ、いきなり5位、そして37年は3位、38年は4位と気を吐く。ところが、39年には交商の売買高はわずか2028枚で71位に墜落、会社自体が消滅する。「赤いダイヤ」人気の盛り上がりにそむいて佐野福蔵の名はわずか3年で蛎殻町から消えてしまう。そして半世紀余を経て東穀すら姿を消した。

第一生命有数の腕利き

佐野は第一生命時代、外務員の営業成績で全国1位を2度取るほどのやり手であったが、小豆相場には勝てなかった。佐野が最盛期、業界紙の取材に答えてこう語る。

「ええ、相場は好きですよ。罫線も引き、欲望に関するいろいろな勉強もしました。セールスがうまくいったのも生活の中から人間の行動心理を学んでいたため、人心操縦がうまくいったのではないですかね」

佐野福蔵は若尾逸平をはじめ相場師を数多く輩出している山梨県の産。生家が生命保険の代理店をやっていたから、地元の証券会社が頻繁に出入りしていた。そして専修大学の夜学に通うかたわら兜町の証券会社でアルバイト、22歳の時、株の現物屋を始める。昭和10年ころのことで、東京株式取引所の会員の取次店である。

「山っ気が強かったから帝国人絹の暴騰と新鐘紡の暴落を当て、当時の金で17万円ばかりもうけて、いっぱしの相場師気取りでいた。当時は月12円50銭出せば三食付きで上等の下宿があったところですから。〝当たり屋〟と評判となりました」

郷里の山梨日日新聞に書き立てられ、兜町の日証館のエレベーターの中で中外商業新報（日本経済新聞）の記者から「佐野さんじゃないですか」などと声を掛けられ、有頂天になっていた。23、24歳の若僧が天狗になれば、きついしっぺ返しで、すってんてんになるのに時間はいらない。親類縁者から金を集めたり、すったもんだの末、「お前がおると家がつぶれる」と、２０００円もらって神戸の親戚へ。以来2年間、相場のことは忘れて読書にふける。トルストイ、ドストエフスキー、田中王堂、経済学全集……中でも王堂の影響を強く受けた。資本がなくてもやれる商売ということで生命保険の外交を始め、前述の成果を上げるが、再び相場の世界へ。

牛田権三郎の「三猿金泉録」に従う

「相場ですか？　三猿金泉録※の通りだと思います。相場に勝つためには人間性を客観的にみて、その通りに行動に移せる人にならないといけない。私も一時はそう思って相場師になることを志したけど、結局、私のような凡人は欲から抜け切れないので失格だということが分かり、商売で生きようということに決めました」

※三猿金泉録　江戸のコメ相場師牛田権三郎が和歌に託して相場の極意を教えたもの。代表

歌は「万人が万人ながら強気なら、たわけになりて米を売るべし」「野も山も皆一面に弱気なら、阿呆になりて米を買うべし」。

酒は、昔は浴びるほど飲んだが、胃を手術してからは少々。めがねの奥の鋭い眼光に相場に生きる者特有の冷徹さがある。

信条

・牛田権三郎の「三猿金泉録」を信奉
・静かで説得力に富む
・内に秘めた思想的な力強さがにじむ（「投資と商品」）

【さの　ふくぞう　1912～没年不詳】

大正元年山梨県出身、生家は片倉製糸関係の製糸業のかたわら生命保険の代理店を営んでいた。旧制身延中学に入学するが2年生の時甲府商業に転校、専修大学の夜学に通いながら証券会社の小僧となる。22歳の時、地元で株屋を始める。のち第一生命の外交員として、全国1位を2度獲得、拡張部長ののち鉱山業に手を出すが失敗、昭和36年商品先物取引の「交商」を創業、社長に就任。（写真は「投資と商品」昭和38年10月5日号より）

沙羅　双樹

機に乗ずるカン、頭脳の闘い

大衆作家の沙羅双樹は第2次大戦中から戦後にかけて相場関係の本を数々手掛けた。国会図書館に所蔵されている著作だけでも80冊を超す。手元にある「勝者の記録」は古本屋で掘り出したが、「恭呈　越後正一様　沙羅双樹」と署名がしてある。伊藤忠商事社長で「相場の神様」と呼ばれた越後正一に贈ったものだ。沙羅は「沙羅双樹の株式実践帳」の中で怪気炎を上げている。

「株の本はというと、1年もたてばもう使い物にならない、というのが普通である。私はこの本が読者の手に渡ったら、永久に読者の参考になるように、と念願して書いた。……相場師が一栄一落して行く過程を書くには、相場そのものを知らなければならないと考えたので、自分で〝実験売買〟して、いつの間にかミイラ取りがミイラになった」

沙羅双樹が小説「兜町」をサンデー毎日に発表したのは昭和12年のことだが、執筆に当たっては、実際に相場を張ってみなくては——と兜町に出掛け、相場を体験する。

「悪戦苦闘数カ月、遂に刀折れ、矢尽きて、ふらふらになって敗退した。この時の損害が約1万円、……この無謀な勝負に敗れた私は、今は亡き母にひどく怒られた」

当時の1万円は現在ではざっと1000万円に上る。だが、この高い月謝は無駄ではなかった。第8回直木賞候補に推され、菊池寛から「こういうユニークな小説をこれからドンドン書き給え」と励まされる。

相場文士の代表、「相場は登山と同じ」

昭和30年代は「マネービル」が流行語になり、相場を張る作家、「相場文士」が衆目を集めるが、沙羅はその代表格。株式ブームに沸いた昭和36年ころの週刊誌は必ずといっていいほど金もうけのページを設けていた。週刊読売はそのものズバリ「マネービル教室」の題で益田金六がうんちくを傾ける。

益田は兜町ウオッチャーとして知られる安田二郎の厳父に当たる。益田に対する週刊文春は「私のダウ平均」欄を沙羅が担当、「わがナンピン戦法——大いなる悲観は大いなる楽観に一致する」などと実戦に基づいた投資アドバイスが人気を集める。

沙羅は「勝者の記録」の中で相場道を述べている。

「相場道には登山と同じような最高の技術と最善の用意が必要であり、豊富な経験が必要である。登山と同じに、相場でも初めから終わりまで油断できるという時はない。そういう苦心をし岩場を通り、頂上を極めて、初めて勝利と征服の喜びを味わえる。この喜びは最高の喜びであり、それゆえ人は相場に向かって挑戦を試みる」

相場を張るのに、若さも美貌も必要としない。一定の資金と頭脳さえあればだれでも参加できる。しかも、ウリとカイと2つしかない。それでいて決してやさしいゲームではない。沙羅はいう。

「相場は競輪や競馬と違って頭脳の闘いであり、駆け引きと機に投ずるカンが必要である。見込みは当たっても、機に乗じ、機に投じなければ勝利を手中に収めることはできない」

沙羅は後年、東京穀物商品取引所の公益理事に就任、取引所運営に携わる。同取引所の第4代理事長を務めた鈴木四郎と親交があったのが機縁となった。

沙羅はもう一つのペンネームを「田中平六」としたが、19世紀最強の相場師「田中平八」に一歩も二歩も敬意を表して命名したのだろう。

信条

・人は多かれ少なかれ投機心はある。投機心は冒険心である
・金銭獲得のゲームはいろいろある。今も昔も変わらないのは相場というゲームである

【さら　そうじゅ　1905～1983】
明治38年埼玉県出身。本名大野纛《ひろし》。別筆名は田中平六。日本専門部法科中退、東京市役所（都庁）勤務、昭和11年第1回千葉亀雄賞を受賞、同13年「兜町」で第8回直木賞候補(ほか3回直木賞候補となる)、同21年退職して専業作家となる。同28年、産業経済新聞、大阪新聞に「近世成金伝――恋の鈴久」を連載。同37年、相場界成功者の実録「勝者の記録」を刊行、他に「実録・投機師　天下の糸平」、「実録・相場師　明日なき勝者」、岩本栄之助を描いた「浪花の勝負師――北浜に華と散った男の生涯」などがある。同58年死去。

柴源一郎

梶山季之「赤いダイヤ」のモデル

梶山季之の「赤いダイヤ」は今も読み継がれる相場小説の傑作である。草創期の東京穀物商品取引所を舞台に小豆の買い占め戦を描いたこの作品は映画やテレビドラマにもなった。当時、同取引所の理事長であった「売りの山種」こと山崎種二（小説では松崎辰治）を相手に買い占めに出るのが柴源一郎（小説では森玄一郎）。梶山季之はこう描写している。

「この男は、森玄一郎という、大陸浪人上がりの相場師であった。すこぶる向こう気の強い男で、相場師仲間でも『買い』一本槍の男として有名である。彼には売り方は生涯の敵である。そこで彼は車のシートのみならず、家の応接間でも、売り方を象徴する〝熊〟の毛皮をしいているのであった。行住座臥、売り方を尻の下にしき、闘魂をかき立てているわけである」

柴源一郎はかつて「あの小説はほとんど本当にあったことです。ただし、わたしに彼女がいたことになっていますが、あれはフィクションです。おかげで家内に痛くもないハラをさぐられて……」と笑った。

130万円の資金で小豆を買い、第一ラウンドで5500万円もうけた。勢いを得た柴は建玉を大きく膨らませ、一時は10億円もの利益を得た。しかし、買い占めた現物を処分する段になって、もうけをはき出す。それでも3億円近いもうけが残った。昭和27年に東京穀物商品取引所が創立されて間もないころの3億円は現在の価値にすれば数十億円に達する巨額で、後に甘栗商「甘栗太郎」の開業資金となる。

徹底調査、足で稼ぐ男

小豆を買い占めるに当たって柴は、徹底的に気象と海流を調べ、産地北海道の作況調査のために足を棒にして十勝平野を駆けずり回った。北海道の気象と近いといわれる富士山の頂上にも登った。そして不作と断定して買い占めに取りかかる。仕手戦の最中に現物の裏付けのない倉荷証券（カラ荷証券）が出回っていることが発覚し、山種は責任を取って取引所の理事長を辞任、これを機に柴も相場から手を引いた。

「あのままやっていたら裸にされていたかも知れません」と、意味あり気に笑った顔が思い出されるが、柴は晩年になっても相場をやめなかったと担当外務員が話していた。

柴源一郎は中学校から大学まで夜学に通い続け、しかも「右総代」を貫いた根性男である。柴が終世の本業となる甘栗との出会いは昭和11年、しかしすぐ兵役に従い、ブランクの後、同17年本格的に甘栗とかかわっていく。第2次大戦末期の中国市場は激しいインフレ下にあった。当然、カネよりもモノが物を言う時代である。種苗の取引も手掛ける。満州政府に納める種苗の代金はカネではなく、獲れた作物でもらうことにした。バーター取引でもうけは一層膨らんだ。広い中国大陸をロバにまたがり奥地に行けば行くほど安い値段で手当てできた。

愚直に生きた「現代の怪物」

カラ売りの恐さを知らされたのもそのころだ。満州政府に納入契約したあとで種子の相場が暴騰した。密告するものがいて、中国が値上げしたとの説もある。

「品物を手当てする前に売る約束をしてしまった。そんなことをすれば、足元を見られるに決まっている。カラ売りのトガメですな」

100万円（現在の貨幣価値で10億円超）を超す損をこうむった。確かに天津市内の相場では100万円の赤字が発生するが、柴青年は現物の手当てに奔走し、命がけで奥地へ入り込み、安い種子を見付けるのに腐心した。巨損を抱えるはずが、逆にもうけが出たという。リスクを冒し、足を使って稼ぎ出した。

後年、山種を相手に小豆相場で東奔西走する素地は中国大陸で培われたのかも知れない。第2次大戦後、甘栗太郎の店舗を次々と拡充するに当たって、自らの足で立地条件を調べることを心掛けた。朝昼晩、晴れの日、雨の日、平日休日、街角に立って人の流れを読んだのも中国大陸時代の学習効果に違いない。

愚直に生きてきた柴源一郎。かと思うと「商売の『商』、の字はロハで立つと読めます」といって高笑いする。

「現代の怪物」と称された柴が88歳の長寿を全うして、12年余り、今は女婿が2代目として采配をふるう。

信条

- あわてるな、明日があるさ
- これはと見込んだ人とはトコトン付き合う。しかし、カネは貸さない
- 流れに逆らうな、引きところは引く
- 約束を守る。ごまかさない。相手の儲けも考える

・カラ売りは怖い。徹底的に実地調査
・弾みがついていたら攻めまくれ
・罫線は過去のもの、将来は読めない

【しば げんいちろう 1917~2005】

大正6年、茨城県下館市で農家の長男に生まれ、13歳で上京、運送店に勤めながら、中央商業から中央大学に学ぶ。昭和11年北沢洋行に入社、兵役のあと同17年復職、甘栗、種苗の貿易業務にかかわり、同21年郷里に引き揚げ、ヤミ屋になり、同27年東京穀物商品取引所の創設に参加、同30年㈱甘栗太郎を創設、社長就任。同37年日本甘栗加工商業組合理事長(同52年まで)に就任、平成17年他界。(写真はフューチャーズ・トリビューン社提供)

柴田　秋豊

相場に破れ、罫線研究に没入

「柴田罫線」が話題を呼んでいた昭和30年代初め、人気の推理作家高木彬光が柴田秋豊宅を訪ねてきた。東京日本橋の鎧橋周辺で「北海道の罫線屋が」と揶揄されていた時だけに、柴田にとって高木の来訪は、まさに「ご光来」であっただろう。長男柴田豊秋がその時の一部始終を書いている。

「ある日推理作家として有名な高木彬先生がどこで聞いたのか、突如人形町宅へお越しになり『天底と転換罫線型網羅大辞典』を購入し指し図依頼をされてお帰りになった。先生は父の指し図で相場が当たったと、わざわざ電話で『お見事』と言ってこられました。天にも昇る思いでした。先生のご自宅にもお邪魔したことがあります」

そして高木彬光は週刊誌で「相場界では馬鹿とか気違いとか言われながら、必勝の罫線の法則を編み出すために何十年もかける人間も存在する」と、柴田のことを取り上げた。柴田罫線の愛好者からの指し図依頼が全国から殺到し、機関店も1店だけではさばき切れず、東京で5店、大阪で2店を擁し、ピーク時には数千枚の建玉を持つほどだった。

素人の怖さ、当たりに当たる

柴田秋豊は明治34年、富山県で生まれるが、7歳の時、一家で新天地を求めて北海道清真布（栗沢町）に渡る。開拓農民として夜を日に継ぎ汗を流すが、大正5年ころ、秋豊は小樽の取引所に出入りするようになる。

「素人の怖さ、父の相場は当たりに当たり、そのうちに本業の百姓は人任せとなり、連日取引所に出入りし、仕手として北海道の売買の片面を張るようになりました。父はひとかどの相場師になったと錯覚し、得意満面で、矢でも鉄砲でも持ってこいと凄まじい勢いであったと長老たちは後に私に話してくれました。そのうち父は友人の注意も、馬の耳に念仏、道行く人が馬鹿に見え、だんだん態度も横柄になっていったようです」（柴田豊秋著「柴田秋豊の一生」）

この間、建玉は大きく膨らんでいく。2、3度相場に曲がるとひとたまりもない。瞬く間に破産、一家で開拓した田畑を手放し、借金の山を築く。借金取りに追われる日々。だが、応援してくれる人があって、ビリヤード兼麻雀荘を開く。近くに砂川、美唄、夕張といった炭鉱街があって「黒いダイヤ」景気を当て込んだ作戦は的中する。

秋豊が罫線研究に本格的に取り組むのは昭和に入ってからだ。店の方は、夫人に任せ、みずからは罫線にのめり込む。第2次大戦後、札幌証券取引所や証券会社に出入りしながら罫線研究に没頭する。商品取引所の仲買人をやり、罫線指導に努める。昭和28年2月、突然「本日限り一切面会を謝絶」と宣言、周りを驚かす。それというのが、秋豊は「売り」を唱えるが、相場は高騰に次ぐ高騰で、これまでの研究成果を完全に否定されたからだ。その2日後、スターリン暴落が勃発するとは、相場はなんとも皮肉だ。

家族ぐるみで罫線情報を発行

昭和31年、秋豊50年来の研究を「天底と転換罫線型網羅大辞典」と題し発表する。そして一家で上京、日本橋人形町に転居する。「北海道の罫線屋か」と低くみられ、くやしい思いをしながらもファンの層は次第に広がりをみせ、昭和33年には週刊の罫線情報を発刊、家族ぐるみで編集、発行、発送に当たる。同35年、秋豊は引退、長男豊秋にバトンタッチ、同37年には「株式、商品全銘柄之指標」と題する100ページもの週刊情報誌を出す。「赤いダイヤ」(小豆)人気で罫線情報が珍重された時代であったが、秋豊父子にとって一番強く印象に残るのは相場師伊藤忠雄による小豆の買い占め戦だった。

伊藤が大阪で買い占めた小豆を東京に移送するため、大阪近県のトラック、ダンプカーを総動員して東海道は数珠つなぎとなり、ぎりぎりで東京穀物商品取引所の納会(最終受け渡し)に間に合わせたという伝説が残っている。そして半世紀の時は流れ、東穀は消え、軒をつられていた仲買店(取引員)もまばらに点在するだけである。秋豊の考案した「柴田罫線」はその息子豊秋に受け継がれ、100年を超す。

家族ぐるみで週刊誌「株式、商品全銘柄之指標」を発行する柴田一家

信条

・法則なき罫線は死物に類す
・父はもうけ話ならなんでも手を出した

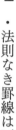

・相場は売りか、買いかの二通り。勝てる法則があるはずだと罫線研究に没頭、その道の諸先生を行脚した
・父は一生、自分の思いを主張し続けた。それゆえ敵も多かった（息子の柴田豊秋）

【しばた　しゅうほう　1901〜1972】
明治34年、富山県出身、本名は忠吉、同41年一家で北海道に移住、農業に従事するかたわら小樽取引所に出入り米相場を張る。昭和初めビリヤード、麻雀荘を経営するとともに罫線の研究に没頭、第2次大戦後は札幌証券取引所に出入り、株式会社三織商工を設立、商品先物取引の仲買人となり、罫線指導に従事、昭和31年「天底と転換罫線型網羅大辞典」を出版、上京、昭和47年死去。（写真は柴田豊秋氏提供）

霜村 昭平

相場のために生まれてきた男

ノンフィクション作家の沢木耕太郎が商品先物市場の相場師たちの生き様を取材して回ったのは昭和48年ころのことだ。大阪の伊藤忠雄、桑名の板崎喜内人、静岡の栗田嘉記、東京では鈴木四郎や霜村昭平らにスポットを当てた。霜村は沢木に向かって雄弁をふるった。

「私は度胸がいいと自分でも思う。決心したら、火の中でも呼び込んでしまうだろう。けど、いつも大事なところでは夢を見る。5年前にも、小豆をどんどん売ってたが、ある夜、夢を見たんだ。ボーボーと音立てて燃えてんだ。そうか、これはすごい相場になるということだ。翌朝からドテン買いですよ。買って、買って、買いまくった」

霜村は明治以来、数多くの相場師を輩出した山梨県の出身、小学生のころから新聞の株式相場欄を読んだというから「相場の申し子」というべきか。昭和28年のスターリン暴落でいったん相場と縁を切るが、2年ほどのブランクの後、そのころ株以上に人気の小豆相場で相場の世界に復活する。

きっかけは山文産業社長の亀井定夫。亀井は野村証券、山文証券を経て、商品取引の山文産業を経営していた。霜村はその山文産業の吉祥寺営業所で「客外交」として相場勘を磨いた。外務員として営業活動をやりながら自分でも大きな思惑を張って頭角を現す。

昭和37年、常務に昇進するが、同41年に独立、郷里にちなんで「山梨商事」と命名した。山梨商事は、霜村自身の手張り玉と大口顧客の注文で、常に台風の目のような存在となる。半世紀を超える相場道を振り返りながら霜村は語る。

カンと度胸と金力、そして細心の配慮

「私は常に勘一本で今日まで生きてきました。人の意見は聞くけれども、自分の信念で相場をやってきました。勘に頼るのは危険を伴いますが、勘と度胸と金の力が必要ですね。それに細心の配慮が必要です」

霜村は山梨商事の初代社長に父賀英を据え、みずからは専務に就いた。だが、翌年には社長として会社経営と相場師を兼ねる。相場師は経営には向かないとのジン

クスに挑戦する。

「私が売った、買ったで、張りまくった経験から、経営と通ずる要素があるように思えたものですから、あえてこのジンクスに挑戦しました」

創業から6年たった昭和47年1月、地元の山梨日日新聞が「1000万円ポンと寄付、芦川出身の霜村さん、過疎の村に福祉を」の大見出しで、霜村が地元に社会還元したことを報じた。同紙によると、

「霜村さんは腕一本で現在の地位を築き上げた人。『甲州財閥はそもそも相場からスタートしている。私も財界の大物にこそなれないが、相場の世界では大物になりたい』と相場の世界に飛び込んだ。3人の子供があるが、子孫のため残すことはしたくないそうだ」。

そして2カ月後、地元紙は「甲州が生んだ若き相場師、カンと度胸で勝負する」と題し、1ページそっくり使って霜村を取り上げる。

山梨日日「相場のために生まれてきた男とおっしゃいましたね」

霜村「相場が好きだということです。不可能なことを可能にしたいという欲望が強い。勘は自然にひらめいてくるんです。しかし、〝努力は天才を負かす〟というように、日常の努力はしています。だから常日頃、真剣に相場のことを考えている。

この仕事に命を張っています」

手塩にかけた山昭を売却、引退

創業から33年たった平成11年、霜村は手塩にかけた山梨商事を約37億円で売却して、経営から引退してしまう。そしてまたまた地元紙を驚かす。村内273世帯に現金10万円ずつ、義兄たちが配って回ったという。

その後の商品先物業界の凋落ぶりをみると、霜村の手仕舞いのタイミングはさすがというべきだろう。会社経営から引退後も相場は張り続けた。持病の糖尿病と戦いながら株、為替、商品との格闘は休みなく続き、6年ほど前、満80歳を機に生前葬をやって周りの人々を驚かす。

郷里の方には前回と同額の善政を施したという。生前葬を済ましたからといって相場界から去るつもりはないそうだ。「当面、相場はないので休みますが、次のチャンスを狙って、闘志を燃やしています」とあいさつ文は結ばれていた。

信条

・相場は頭のいい人がいくら計算しても、コンピューターを使っても、その通りにはいかない

・勘は夜中にふと目が覚めた時にひらめくことがある
・相場はこわい。危険だからだれも尻込みするものだけど、あえてチャレンジしたい
・心のゆとりから直感はひらめく
・勘と度胸と金と細心の配慮

【しもむら　しょうへい　1931～現在】

昭和6年山梨県芦川村（現笛吹市芦川町）に生まれ、小学校6年生のころから新聞の株式相場欄を読む。19歳の時、初めて日本鉱業を買う、同28年、スターリン暴落で相場をやめる。同30年小豆相場を始め、商品取引の山文産業に入社、同37年常務に昇進、同41年山梨商事を開業、数々の仕手戦に参戦、平成11年山梨商事を約37億で小林洋行に売却、会社経営から引退、相場三昧の生活に入る。（写真は「東京穀物商品取引所四十年史」より）

鈴木　四郎

「頭とシッポは素人にくれてやる」

ノンフィクション作家の沢木耕太郎が相場師の生きざまを取材する過程で鈴木四郎にインタビューするのは昭和48年頃のことだ。素人と玄人との違いを問われてこう答えた。

「私たち（プロ）はね、相場が真っ赤に燃え上がる寸前にそれが見えるんですよ。そしてね、炎が巨《おお》きく天に届きそうに燃えさかるころには、私らは真っ白に燃えつきた灰になっていなければ、駄目なんです」（「鼠たちの祭」、「人の沙漠」所収）

練達の相場師がよくいう「頭とシッポは素人にくれてやる」という姿勢を鈴木は強調する。当時、鈴木は喜寿に差しかかっていたが、相場のことが片時も脳裏を離れなかった。

「四六時中考えても、まだ考え足りないのが相場です。だから邪念はできるだけ持たないようにしている」

親交のあった作家、沙羅双樹にこう語っているが、鈴木は根っから相場が好きだった。

鈴木は千葉県立木更津中学（旧制）の時代に相場と出会う。兄が日本橋蛎殻町で相場をやっていたので手ほどきを受ける。早稲田大学に入ってからは頻繁に蛎殻町に出入りするようになる。

「四郎は医学生の友人と二人で蛎殻町へ通った。紺がすりの着物にはかまをはき、角帽をかぶった大学生が二人連れで仲買店へ出入りするのは人目についた。しかし、そんなことを意に介する二人ではなかった」（沙羅双樹著「勝者の記録」）

親からもらう小遣い銭で相場を張り、証拠金が底を突くと、「合百」に手を出した。わずかな金を賭けて、前場の引値を当てっこする一種の賭博だが、当時の蛎殻町は合百に一喜一憂する群衆が路上にあふれていた。

学生時代から蛎殻町通い

鈴木は早大2年の時、赤坂近衛歩兵三連隊に入るが、ここでも相場は忘れなかった。来る日も、来る日も命令されるままに同じことを繰り返す兵営生活で、相場が唯一、考える時間であった。新聞の相場欄が楽しみであり、相場の立たない日曜日は詰まらなかった。

鈴木と親しかった山崎種二も兵隊生活で米相場を手掛けたが、鈴木は米ではなく、株をやった。外部との連絡がままならない身では動きの激しい米相場を張るのは不可能だった。一番うまくいったのは浅野総一郎の東洋汽船株でサラリーマンの月給の2カ月分をあっという間にもうけたことだ。株屋への売買の指示は、たまの外出日と、同僚を訪ねてくる面会人に依頼した。

1年後に除隊とともに大学をやめ、兄の仕事を手伝いながら蛎殻町へ通い続ける。昭和2年、独立、千葉市で酒問屋を開業、このころ千葉銀行の頭取古荘四郎彦を知り、以後親交が深まる。酒問屋は大きな資金がいるが、支払い期限が長いので資金が遊ぶ。そこを利用して抜け目なく相場を張った。

昭和17年、千葉県食糧営団常務理事に就くが理事長が山村新治郎（初代）だった。同22年、新田新作の新田建設の常務に就任、明治座の再建を果たす。新田と鈴木は古くからの相場師仲間だった。

新田は後に日本プロレス協会理事長をやったり、横井英樹の白木屋乗っ取り劇に顔を出したりする剛の者である。

株屋から東穀理事長

昭和24年、鈴木は山三証券を買収するが、買収に先立ち古荘に、「証券会社の売り物があるので、権利を買って、好きな相場をやりたい」と申し出ると、古荘はあっさり了承してくれた。やがて、商品先物取引の明治物産を創設、社名はゆかりの明治座から取る。新田新作は監査役に名を出した。

昭和36年、東京穀物商品取引所第4代理事長に就任するが、朝は4時に起きて相場を研究する日課は変わらなかった。遠くふるさと市原に居を構えたのは、東京の騒音と悪い空気の中では、落ち着いて相場を考えることができない、というのが理由だった。

信条

・相場だから2割も3割も行き過ぎることがある。この行き過ぎを人と一緒になって追いかけては負ける
・健康な時でなければ、相場はやりません
・朝起きて考えるのは相場のことであり、夜寝て考えるのも相場のことだ。四六時中考えても、考え足りないのが相場です

【すずき　しろう　1898～1978】

明治31年千葉県市原村に生まれ、大正7年早大入学、兵役後に中退、昭和2年酒問屋開業、同16年千葉県食糧営団常任理事、同22年新田建設常務、山三証券社長、この間、古荘四郎彦、山村新次郎、川島正次郎らと親交を結ぶ。同28年明治物産を設立、同36年東京穀物商品取引所第4代理事長に就任、同46年まで10年間在任、同53年他界。（写真は「東京穀物商品取引所50年史」より）

鈴木 耕之助

常勝将軍に見込まれた

鈴木耕之助が異色の相場師として日本橋蛎殻町界隈で話題を集めるのは、昭和30年代のことだ。早大文学部英文科を出て東京会館でサラリーマン人生を送っていた時、ふとした縁で商品相場の世界に入る。耕之助の後見人役で東京会館社長の三神良三が週刊読売の取材に答えて耕之助についてこう語る。

「豪胆な男で、小さいことにはこだわらない性格だが、といって決して雑駁というわけではない。豪胆でありながら緻密である。これからは、彼のようなタイプの人が、相場の世界にも必要なのではないか」

耕之助の祖父に当たる依田豊蔵は相場と政治に熱中した。山梨県会議員を長く務め議長まで経験するが、相場をこよなく愛し、豪放一本やりで最後は相場でやられた。その血が耕之助には流れていると、三神はいう。山梨県は若尾財閥の開祖若尾逸平の昔から数え切れないくらいの相場師を輩出してきたが、依田は相場師としては負け組の1人だった。

東京会館に勤務しながらいずれは観光業で身を立てようと考えていた耕之助が突如相場界入りするのにはわけがある。三神と親交のあった鈴木四郎から養子探しの縁談が持ち込まれたからである。

手数料主義目指す

鈴木四郎は早稲田の学生時代から蛎殻町に出入りしていたという相場好きで、軍務に服している時でも面会人を介して相場を張っていた剛の者。第2次大戦後、山三証券の社長を務めていたが、昭和産業の株を巡って山一証券と渡り合った。80円から買い始め、130円まで値上がりしたところで利食いし、勝負に勝ったものの、大証券の力を身にしみて知らされる。

中小証券が相次いで大手の系列下に入るのを見て、廃業、商品先物の明治物産を買収する。鈴木はのちに東京穀物商品取引所の第4代理事長に就任するが、娘婿として耕之助に白羽の矢が立つ。

耕之助は東京会館を退社、「赤いダイヤ」で賑わっていた蛎殻町の人となる。電話取りからスタート、千葉県市原から日本橋蛎殻町まで2時間半かかって通勤する。

岳父の車に同乗することはなかった。やがて営業に回り相場の駆け引きを覚える。相場の町の水が合ったのだろう、入社から4年で社長に就任する。31歳のことだ。

「社長に就任した彼は、まず経営の近代化を図った。投機的な面で利益を上げることを避けて、客の支払う手数料で会社が成り立つようにした。『自分の性格として、アツくなれないんですね。店ごとかけるといった乾坤一擲の勝負はできないんです』。戦前のこの社会では明日をも知れぬのが当たり前だった。長期計画はおろか、3カ月先の予測もできなかった。『これじゃいかんとぼくは思ったんです。せめて1年先までの見通しがつくようでなければと考えて就業規則をつくり、安定化を図りました』」（週刊読売・昭和40年3月14日付）

豪胆で緻密、だが熱くなれない

昔ながらの相場師、それも「常勝将軍」と称された岳父鈴木四郎のもとで耕之助は新時代の相場会社へ脱皮を図る。耕之助をよく知る日本繊維新聞記者、藤野洵が書いている。

「この業界における岳父の存在があまりに大きいうえに、健在すぎるため、世間が親の七光りの庇護のもとで温室育ちでただ明朗闊達な御曹司としてしか認識してくれないのである」

明治物産の経営陣も岳父の息がかかった人々で占められており、改革には二重、三重のしがらみが付きまとう。そんな耕之助に対し岳父の四郎は「まだ、この社会では、16、17年しかならんが、なかなか達者でな」と婿自慢の様子。筆者が耕之助を取材したのはそのころだ。

ギラギラした眼光鋭い相場師たちの陣取る蛎殻町で耕之助のかもし出す穏やかな雰囲気は異彩を放っていた。が、しばらくして耕之助が相場街を去ってアパレルの世界に入ったといううわさが流れた。義母との間がうまくいかなかったためだという。

時は流れ、明治物産は耕之助の長男鈴木敏夫（1960年生、明大卒）の時代に入り、商品先物業に専念していたが、勧誘規制が強まり、受託業務を廃業、損害保険の代理店、証券取次業などを営む。

信条

・豪胆でありながら緻密（三神良三）
・ぼくの馬券の買い方は堅実で1日に3、4レース買って1つか2つ堅く取る

・相場の世界で一国城の主になる人はごくまれ。いったん運が傾くと尾羽打ち枯らす
・カンと度胸の時代は過ぎた。調査と研究の時代だ

【すずき　こうのすけ　1931～現在】
昭和6年山梨県出身、依田太郎の次男。開成中学から早大文学部英文科卒、同29年東京会館入社。同33年商品先物取引大手の明治物産社長鈴木四郎の娘絹子と結婚、同年明治物産に入社、同37年社長に就任。同41年、社長を辞任。アパレル関係の事業に従事。長男敏夫が平成4年から社長を務めていたが、同20年商品先物取引の受託業務は廃業。（写真は藤野洵著「明治物産50年の歩み」より）

鈴木　樹

「北海のギューちゃん」は長者番付1位

鈴木樹が「北海のギューちゃん」とマスコミを賑わすのは平成5年5月のことだ。高額納税者全道1位に躍り出た時で、前年度の納税額が5億59万円に達したからだ。全国ランキングでは32位だったが、土地や株の譲渡益などを除く本業の稼ぎとしては山内溥任天堂社長（21位）、上原昭二大正製薬社長（31位）に次いで全国3位に浮上する。広大な十勝平野の代名詞でもある〝赤いダイヤ〟小豆が不作で相場が高騰、売買益が10億円にも膨らんだのである。以来3年連続で長者番付全道1位となる。

地元紙のインタビューに答えて10億円もの利益を生んだ小豆相場のメカニズムや十勝農業への思いを語る。

「相場の基本は需給バランス。小豆の国内年間消費量は約12万トンですが、昨年の道内収穫量は作付け減少と8分作の5万2000トンで、前の年からの繰り越しを含めても8万4000トン程度でした。輸入物が早く入ることはありますが、やはり北海小豆の絶対量が不足です。これがスタートラインでした」（平成5年5月25日付十勝毎日新聞）

生産者の味方で相場張る

相場師鈴木樹の基本スタンスは「生産者の味方に立って、価格形成の一翼を担う」という点で貫徹している。根っからの買い屋である。十勝という小豆の大産地を背に投機界を闊歩しようという鈴木が売り仕手などやろうものなら、それこそ「石もて追われる」に違いない。「タツルさんのおかげでもうかった」――農家のそんな声を聞きたくて買い玉をはわす。

鈴木は平成3年暮れに1俵（60キロ）1万7000円台に低迷していた小豆を買い、相場浮揚を図る。こんな安値では生産農家がやっていけないと、買い進む。同4年春には2万5000円にまでハネ上がる。鈴木の読みは的中してさらに4万7000円まで高騰する。

「私が平成4年に扱った小豆の量は1万8000トンですから全道の生産量（5万2000トン）を考えると、量的な想像がつくと思います。よく『先物でもうけている』と誤解されますが、私は相場の世界を経済行為として企業化、現物の流通を担っているという自負があります。今回の利益も流通の過程で利幅を得たに過ぎません」

鈴木は先物取引と現物取引を上手に使い分けながら存在感を高め、「北海道筋」とか「帯広筋」という異称を冠される。静岡筋（栗田嘉記）、桑名筋（板崎喜内人）、「マムシの本忠」（本田忠）、ヤマショウ（霜村昭平）らとともに小豆相場の黄金期に踊った。

鈴木樹は樺太生まれで幼いころ父親を亡くし、第2次大戦後、帯広に引き揚げて、新聞配達、納豆売り、畑の草取りなどのアルバイトで家計を助けた。昭和30年高校を卒業して雑穀問屋に入り、小豆の取り扱いを体験する。

当時、週刊朝日で獅子文六の連載小説「大番」が人気を呼んでいたが、主人公のギューちゃんにあこがれて相場の道に入る。持ち前のバイタリティーで頭角を現し、週刊誌で「北海に鈴木あり」と取り上げられる。

相場はバクチではない、科学だ

商品取引の大手明治物産の子会社北海道明治物産の帯広営業所長から取締役、社長とトントン拍手で出世する。この時、北海道明治物産の株も全量取得、完全独立を果たす。若いころ、鈴木の1日は午前6時、シカゴの穀物相場の情報収集から始り、就寝は午前2時、睡眠時間はわずか4時間という猛烈相場師であった。

鈴木の政治好きは有名で、かつて「北海のヒグマ」と称された闘将中川一郎代議士後援会の青年部長や遊説隊長を務めたり、道議選に自ら打って出ようとしたこともある。政界進出を断念して相場と経営に専念するようになって長者番付全道1位という快挙をやってのけた。

鈴木の邸宅は土地が480坪、建坪150坪、居間が40畳もあって吹き抜けだという。いかにもギューちゃんの好み。地元名士が所有する土地を譲ってくれるよう頼んだら、「贅沢なやつだ」と一蹴され、あきらめていると、「贅沢ができん奴は出世できない」と譲ってくれたらしい。

当時のマスコミは、「広い情報網と緻密な分析で相場を科学する鈴木さん独特のやり方から生まれる自信に満ちた言葉だ。『念ずれば花ひらく』。和紙づくり人間国宝の安部栄一郎氏の言葉。直筆の書が社長室の壁を飾っている」と伝えている。

そして長い年月は流れ、小豆の先物取引に昔日の面影はない。鈴木は帯広を思う気持ちではだれにも負けないという。超大型スケートリンク(帯広の森アイスアリーナ)の建設には資金集めに奔走した。「11カ月で2億1500万円集めましたからね」
——鈴木はスケートリンクが帯広経済の起爆剤になるのを願っている。
そして平成22年3月1日、時事通信社はタツル総業の破産申し立てを報じた。

信条

・相場は博打ではない、科学だ
・念ずれば花ひらく
・十勝圏農業の確立と十勝経済の発展に寄与する
・常に生産者の味方に立って、価格形成の一翼を担う

【すずき　たつる　1936〜現在】
昭和11年6月28日樺太生まれ、帯広三条高校卒業、帯広の雑穀問屋蓑浦商店に勤務したと、日東物産を設立、東京共栄商事取締役を経て昭和46年から商品先物取引の北海道明治物産を経営、同51年にタツル総業を設立、帯広商工会議所議員会長、北海道東部農産物移出協組理事、平原太鼓保存会会長、帯広三条高校常磐同窓会最高顧問など幅広い分野で活躍する。(写真は「タツル総業」提供)

角田 純一

すべては罫線の中にある

商品先物界の大御所、三共生興の三木瀧蔵がよく言っていた言葉がある。

「卯年生まれの男は博才に長けている。特に昭和2年生まれの男がそうだ」

事実、商品先物の世界では昭和2年生まれの活躍が目立った。「マムシの本忠」本田忠、「大津やグループ」西田昭二、岡安の岡本昭、吉原グループの立川政弘……みな昭和2年生まれ。生糸・乾繭相場で鳴らした角田純一もその1人だ。

角田のことを地場では「罫線万能論者」と呼んで、やや軽くみているフシがあるが、義侠心の厚い人である。「静岡筋」こと栗田嘉記が相場で大敗を喫した時、彼の才覚を惜しんで援助の手を差し延べ、栗田を破綻から救ったのは角田だ。昭和47年のことだが、栗田は負債総額が18億円に達し、にっちもさっちもいかなくなった。この時債権額筆頭の中井幸太郎（中井繊維オーナー）と角田の侠気で栗田は復活することができた。

角田純一は横浜生まれの横浜育ち、伝統校の横浜商業（Y校）を出て、横浜生糸取引所創設と同時に同取引所の仲買人（→商品取引員→商品先物取引業者）としてブローカー業務を行う。その一方で、大きな相場を張った。

身上はドテン損切りの切れ味

かつて野村証券に籍を置き、山文証券を経て、商品取引の山文産業社長となった亀井定夫は相場師としても大成した人だが、「角田純一の魅力はドテン損切りの切れ味である。それも売り玉のドテンがうまい」と評している。粟田は日ごろ「罫線は時間と空間の総合芸術だ」といい、こう罫線論を展開する。

「これまで罫線屋が間違うのはいつも形にとらわれ、空間的な一面だけを重んずる結果だ。三尊型だとか、宵の明星だとか、半値押しだとか、そういう形だけでは判断できないところに相場のドラマがある。相場は時間の子なのだから、時間の経過そのものに深い意味があり、これが相場の変化を支配する。だからどういう日柄の中でどういう波動が起こったかを総合するのでなければ、来たるべき変化は読み切れない。その意味で、ぼくは週間コマ足と、大きな波動が現れる間隔を重視する」

週間コマ足というのは、角田が開発した独特の罫線で、前週の週間足の中値をその週の始め値とし、週末の大引け値がそれより高ければ陽線、安ければ陰線となる。それをはみ出した週間の高値、安値は影（またはヒゲ）として描かれる。「陽線にしろ、陰線にしろ、コマ、つまり上下に影のある線が出たら、ひとまず波動の転機になる」と角田はいう。下げ相場のあとに陽線のコマが出たら絶対的な買い線であり、たとい陰線であってもコマの形になっていれば、それが下げ足の止まりとなる。だからコマが出ないまま相場が反転しても、それはアヤ戻しに過ぎない。

動物的嗅覚も働かす

角田の罫線観の第2の柱は、罫線の幅（時間、日柄）を重視することだ。「上げ波動の主軸と下げ波動の主軸との間の幅が次の波動の幅を決定することになる」という。

角田は時々こんなことをいう。「なんだか、おかしなにおいがしてきたぞ」。すると角田の友人たちは「角田の動物的嗅覚が働き出したぞ」と口をそろえる。そしていかに理屈をこねて反論しても角田に「それは理屈だ」とはねつけられるだけだ。角田は需給データには重きを置かない。前出の亀井はこう記している。

「人見知りする性格がだんだん親しくなるにつれて、その度合いに応じて、角田の仕事場の密室に連れ込まれ、そこの壁一面に張られた罫線を見せられる。それは『秘線』であり、門外不出であり、だれにも教えられない。彼の人生の結晶なのである」（「私は商品相場でこうして儲けた」）

信条

- 理屈は後でどうにでもつく。相場の解説者であってはならない
- 根っからの相場好きであり、人生観で相場をみるのではなく、相場を通して人生をみる
- 相場は時間の子である。時間（日柄）を重視する
- すべては罫線の中にある

【つのだ　じゅんいち　1927～　没年不詳】

昭和2年神奈川県出身、横浜商業卒、同26年横浜生糸取引所加盟の取引員角田株式会社を創設、同46年神戸生糸取引所の取引員和田商店の営業権を取得、その後、前橋乾繭取引所にも加入、生糸関連の3取引所の取引員として活動。横浜生糸取引所理事を務めた。昭和57年違約を起こし、事実上倒産した。（写真は東京穀物商品取引所提供）

寺町 博

乾繭で巨損の天才技術者

平成5年11月29日、生糸の原料・乾繭の買い占めに失敗、100億円を超す損失をこうむった寺町博は苦渋の記者会見を開いた。創業社長を務める東証一部上場のベアリング会社THKの株価が暴落、経営不安説の流れる中で、記者たちの質問に答えた。

冒頭30秒に及ぶ長い沈黙が事態の異様さを物語るが、「乾繭先物相場で約100億円の損失が発生したが、あくまで個人の損失で、会社からの資金流用はない」と経営不安説を一蹴し、こう語った。

「経営不振の商品取引会社フジフューチャーズから救済を頼まれ、引き受けたが、フジの持ち株比率を6割強に高めて実質的なオーナーになるとともに有力顧客などに総額約100億円を融資した。しかし、乾繭の先物相場が暴落し、顧客に多額の損が発生し、私の貸付金も回収不能になった。私自身はこの商品取引に参加しなかっ

たし、巷間言われるような仮装取引など商品取引所法違反の事実はない」（平成5年11月30日付日本経済新聞）

創業会社日本トムソンを追われる

寺町はさらに、自社株を売却したとの噂を全面否定し、「今のところ売却が必要な状況ではありません」と、余裕すらのぞかせた。寺町は会見の中で、仕手に資金を提供したが、自らは乾繭相場に手を出していない、と言い張る。だが、この言葉を額面通り受け取る人はいなかっただろう。寺町の相場好きは「ほとんど病気に近い」とも「不治の病」ともいわれる。寺町は過去にも相場で大穴をあけて創業会社日本トムソンを追われている。

寺町博は大正13年岐阜県出身（一説には京都生まれの岐阜育ち）、県立第一工業学校を卒業後、半田重工業に入社、ベアリングの生産技術をマスター、昭和25年名古屋市で大一工業（後に日本トムソンと改称）を創業。同38年には東証2部上場を果たす。この時寺町は社内預金制度を設け、年2割の利息を約束、それで自社株を買えというわけである。

「ところが、社員が増えるにつれ、預金額が増えてくる。自社株を買うだけでは金が余るので内容のよく分かっている大手同業社、ユーザーの優良株を買ったが、それが分かって同業社からは株買い漁りをやると批判された」（日本工業新聞編「男の軌跡」第7集所収）

社内預金を使って始めた財テクだったが、年率20％の利息を確保するのは容易ではない。株価が悪い時には商品相場に乗り出すが、これが難敵で、5億円とも15億円ともいわれる赤字を出す。この時は小豆相場でやられた。私財を投げ出し、手塩にかけた日本トムソンをやめるが、その1年後には東邦精工（後のＴＨＫ）を立ち上げ、ベアリング販売を始める。

同時に宮入バルブの専務に就任するのは不可解である。頼まれたら断れないお人好しからか、あふれる投機心の発露なのか。

鎧橋周辺へ巨額の散財

宮入バルブのほうはほどなく持ち株を再建屋大山梅雄に譲って、日本トムソンから馳せ参じた45名の社員とともに東邦精工の運営に専心する。平成3年には紫綬褒章も受章し、資産1000億と称され順風満帆の晩年を迎えようとしていたが、相場の虫がうごめいて、乾繭、生糸市場で大仕掛けな仕手戦を展開し、冒頭の記者会見で、敗軍の将、兵を語る羽目となる。

　この仕手戦は初め寺町サイドの思惑通り上昇を続ける。１キロ当たり２０００円前後で低迷していたのが同３０００円台を突破、同４０００円を超し、同５０００円台に突入する。

　取組高も大きく膨らみ、前橋乾繭取引所では急遽、売買規制に動く。証拠金の引き上げ、建玉制限で寺町一派の動きを封じ込めようとするが、たらいの中に鯨を泳がせた格好で、取引所は機能マヒに陥る。やがて凄惨な暴落場面となり、平成5年11月限は５５１８円をピークに１８２０円まで崩落、寺町の損失は１００億円を超した。

　寺町は暴落の直前、前橋に出向いて総量規制の撤廃を訴えた。寺町とすれば、市場振興を願う取引所の意向に沿って買い思惑したら規制強化で身動きできなくなった、早急に規制を撤廃しろ、というわけである。休日に夫婦そろって前橋市の取引所幹部を訪れ、規制解除を訴えたのは、いくら資産１０００億円と称された寺町といえども打撃が大き過ぎたからだろう。

　この時、寺町の買い占めに売り向かって30億円もうけたのが、同じフジフューチャーズのコミッションセールス（歩合外務員）だった坂本嘉山（現セントラル商事会長）というのも奇妙な取り合わせである。オーナー社長の買いにその会社の一セールスマンが売り向かって大勝利を収める。

相場は位階勲等、金力を超えた世界であることを見せつけた。寺町はこの後、ほどなくＴＨＫを長男彰博に譲り渡す。天才エンジニアと名声を博す一方で、相場は苦手だった。だが、なによりも相場が好きだった。

晩年の寺町はデノミによる経済の活性化を強く主張、各方面に文書をばらまいた。「デノミによってアングラマネーを表に焙り出せば経済は再生する」と訴えたが、「だれも同調してくれない」と肩を落としていた姿が思い出される。

信条

・今を最善に
・開拓創造。私は物真似は絶対にしたくない
・世の中で一番美しいことはすべてのものに愛情を持つことである
・世の中で一番淋しいことはする仕事を持たないことである
・タフネス（Ｔ）、ハイ・クオリティ（Ｈ）、ノウハウ（Ｋ）――ＴＨＫの社名の由来

【てらまち　ひろし　1924〜2012】

大正13年4月25日、岐阜県出身、昭和17年岐阜県立第一工業学校卒、半田重工業入社、ベアリングの生産技術を修得、同25年日本トムソンを設立社長就任、同45年商品相場で失敗して同社を去り、同46年東邦精工（後にTHKと改称）を設立、社長就任、同54年、無限摺動用ボールスプライン軸受で日本発明振興協会発明大賞を受賞、平成3年紫綬褒賞受賞、同5年乾繭の買い占めに失敗、巨損、のち大手商品取引員フジフューチャーズの社長から会長。（写真はフジフューチャーズ提供）

林　輝太郎

中源線で「うねり取り」

林輝太郎の相場歴には華々しさこそないが、60年余にわたり、株や商品相場を張り続け辛抱強くもうけた。

昭和23年、東証が再開される前の集団売買で平和不動産を買って成功したのが病みつきとなる。陸軍士官学校在学中に終戦となり、一転ヤミ屋で稼ぎ、夜は大学に通いながら株でもうけを膨らましたいと相場の世界に身を置くことになる。このころ国会図書館へ通い相場関係の本を200冊ばかり読んだ。

取ったり取られたりしながらもトータルでは利益になっていたという。昭和28年のスターリン暴落では大きな損失をこうむるが、相場をやめようと思わなかった。当時の兜町の光景をこう語る。

「そのころの証券会社では相場を記入する黒板の前に映画館のようにイスが並んでいて、そこに大勢の投資家が座って〝場〟を見ていました。だから証券会社へ行けば、他の投資家と知り合う機会があった。きちんと勉強している人やプロの相場師もいて、その中の１人が安さんという人で、売りしかやらない人だったが、相場のことをよく教えてくれました。株のおもしろさと同時に恐ろしさ、そして兜町という街で生き る術みたいなのを教わりました」

安さんには「株と闘ってはいけません」とか大切なことをたくさん教えられたという。

「小豆相場の基本」で信者広がる

同30年、林は商品先物の仲買隆昌産業に入り歩合外交員となる。兜町が下火になり、穀物相場の蛎殻町が燃え始めたころだ。当時の外交員は手張りで腕を磨いた。仲買店の主人も手張りを公然と認めるというよりも勧めた時代でもあった。林はみずからの相場体験を基に「小豆の罫線」「小豆相場の基本」という本を出版すると「赤いダイヤ」人気に乗ってよく売れた。この本が機縁となっていろんな人との出会いが増えた。

先年他界した「日本一の個人投資家」竹田製菓の竹田和平と交友ができた。また山崎種二（ヤマタネ）には「相場は分析するものではない。上手下手が問題なんだ」

とか「高値の期間と安値の期間を比べると安値の期間の方が長い。だから〝売り〟に分があるんだ」などと、実践的なことを教わった。獅子文六の小説「大番」のモデル、佐藤和三郎合同証券社長や「最後の相場師」是川銀蔵とも相場談義を交わす仲となるなど林の交遊録には有名相場師が続々登場する。

中でも林が一番親しく往来した相場師は鈴木隆※だった。戦前からの相場師で、政友会の金庫番を務めるほどの実力者だが、「株式富豪への道」「富豪になる道」など著作もある。大変な蔵書家でもあった。鈴木が他界した時、遺族から相場関係の蔵書を買わないかとの話があり、タッチの差で別人に買われたことは、後々まで林の悔いとして残る。

※鈴木隆（1882～1978）千葉県市原市出身、東京府師範学校を卒業後、小学校教員となる。明治40年株で大もうけ、東京米穀取引所仲買人を経て東京株式取引所仲買人を開業、衆議院議員に5回当選。昭和9年の株価暴落で仲買業務を廃業、のちホテル業などを営む。

昭和37年、林は隆昌産業を辞め、ヤマハ通商を設立、社長に就任する。隆昌時代の大口顧客であった金清勝応との共同経営だった。金清は海軍兵学校（海兵）出身、林は陸士ということで陸士、海兵の両俊才の仲買出現と話題を呼んだ。

ヤマハ通商のマーク「H・K」は林、金清の頭文字から取った。だが、相場師としては大きな実績を上げた林だが、事業経営はまた別物だったようで、ほどなく仲買をやめ、林投資研究所を設立、投資顧問業の看板を掲げる。

自信をもって自己流を確立せよ

ヤマハ通商時代、林はカナダに何度も足を運んだ。小豆の契約栽培を計画したり、アルファルファ（ムラサキウマゴヤシ）やハチミツ、ウニ、ブルーベリーなどの貿易を計画するが、いずれも失敗に終わる。

「相場の世界は実に単純なんです。値動きは激しいし、生き馬の目を抜く世界ですが、すべてが規格化されていて価格の交渉や仕入れ、販売ルートをつくる努力とか、そんなものは不要です。だが相場の世界でうまく立ち回れるからといって、いわゆる商売が上手にできるということではありません」

仲買経営や貿易業には失敗するが、相場師としては着々と実績を重ね、バブルの頂点で買い玉をそっくり手仕舞い、以来、売り一貫で10年余りにわたって売り続け、当たりに当たる。

林の戦法は「うねり取り」というもので、銘柄を平和不動産や三菱重工などごく少数に絞り込み、特有の波動を見つけ出すやり方。書店には林輝太郎本のコーナーができ、「林レポート」の購読者は広がっていく。

中国の大相場師、陳雅山の遺書の中から探し出した「中源線」という秘法を林流に改良を加えた中源線建玉法を開発、「うねり取り」の際、売買判断の目安として重宝がられているという。

平成24年、86歳で死去した時、200人を超す一般投資家が偲ぶ会に集まったのは相場師というよりは学校の先生のような林の人柄がファンに慕われるのであろう。林輝太郎の遺業は次男林知之に引き継がれた。

林知之(1963~現在)は幼いころから投資、相場の世界に身を置き、投資顧問会社・林投資研究所を継承、低位株投資を中心に投資家にアドバイス。著書に「億を稼ぐトレーダーたち」など。

信条

- 自信ある自己流を確立せよ
- まず試し玉を入れ、動きを見ながら本玉を建てていく
- 最低でも2年間は基礎練習を繰り返し、経験を積みながら玉を増やしていく
- サヤ取りは相場ではなく利殖だ

・手を広げると失敗する
・毎日、場帳（終値）をつけたり、グラフを描くことから始める

【はやし　てるたろう　１９２６～２０１２】
大正15年東京都出身、昭和20年陸軍士官学校卒（第61期）、働きながら法政大学経済学部と文学部卒、同23年平和不動産10株を92円50銭で買って利益を上げる。同30年東京穀物商品取引所仲買人の隆昌産業に入社、同37年独立して同取引所の仲買人ヤマハ通商を設立、社長に就任、東京穀物取引員協会の理事、監事を歴任、同47年林投資研究所を設立、同59年低位株投資研究会「ＦＡＩクラブ」を立ち上げる。同63年買い玉をすべて手仕舞い、同64年から平成12年まで売り続けた。「脱アマ相場師列伝」「定本酒田罫線法」「相場の道――松辰遺稿・現代語訳注」など著書多数。（写真は林投資研究所提供）

細金　雅章

相場師→鉱山師→経営者

昭和16年12月8日、ラジオの臨時ニュースで日米開戦を知ると、細金雅章は夫人の千代にこう命じた。

「すぐ三越へ行ってあり金はたいて白生地を買っておきなさい」

そのころラジエーター工場の経営者に収まっていた雅章だが、長年相場の世界で闘ってきた勝負勘は鋭い。カネよりもモノの値打ちが出る時代が近づいたとの読みである。戦時体制に入ればカネの価値は低くなるが、保存のきく白生地は日を追って価値を生むとみたのだ。

戦局が日本不利に傾いたころ、雅章はこんな決断を下した。「稲もみをドラムかんに詰めて地下に埋めよう」。相場師特有の臭覚を働かせて戦争の行方を読み切っていたのであろう。後のことになるが、この時の白生地や稲もみは第2次大戦後の物資不足、大インフレ下で細金一家の財政を支えることとなる。

細金雅章は明治26年、茨城県高萩で米穀店を営む父辰次、母ちいの長男として生まれた。この年は先物取引の憲法ともいうべき「取引所法」が施行され、米穀、株式、商品の取引が農商務大臣のもとで一元的に管理、運営されることになる記念すべき年。細金は相場の申し子として生まれたといってもおかしくない。山崎種二や加藤清治（岡三証券創業者）もこの年に生まれている。同年11月から日本列島が取引所設立ラッシュとなり、同31年までの5年間に設立された取引所はなんと174に及んだ。全国津々浦々に先物取引網が張り巡らされていった。

同41年高萩高等小学校を卒業すると家業の米穀商の見習いとなり、大正6年父の死去に伴い米穀店を継ぐ。このころにはかなりコメ相場に首を突っ込んでいたに違いない。欧州大戦のさ中、コメ相場が乱舞するのに魅せられて上京の機会をうかがうようになる。コメ相場なら東京蛎殻町である。大正10年、28歳で宿願がかない蛎殻町の人となる。東京米穀商品取引所の仲買店を転々としながら外務員として営業活動のかたわら相場の腕を磨いていく。

金鉱掘り当て「鉚生」と命名

雅章はコメや生糸相場を張る一方、鉱山師の顔も持っていた。当時の相場師は山師と二足のわらじをはく例が珍しくなかった。雅章も相場のもうけを鉱山に投じ、一攫千金を狙っていた。昭和9年、妻の出身地である群馬県の山中で金鉱を掘り当てる。この年生まれた3男に「鉚生」と名付けたのは品位の高い金脈を発見した喜びを表している。漢和辞典を引くと「鉚」には「良質の金属」の意味がある。

発見したばかりの鉱山を飛行機王・中島知久平に売却、巨額の富を手中に収めると、自動車や航空機材のラジエーター工場のオーナー社長に収まる。まさに電光石火の早業で相場師から鉱山師、そして今や軍需産業の経営者へと三段跳びをやってのける。

「社長の細金雅章氏は、どちらかといえば親分肌の包容力のある苦労人で、ひとたびその温容に接するや、人をひきつけてやまぬ魅力の持ち主です」(「三共ラヂエーター50年史」)

ヤマタネと相談談義楽しむ

第2次大戦後、細金は下駄の工場経営に足を突っ込んだかと思うと、製菓会社を手掛けたりしながら、コメ相場再開の日に控えていた。昭和27年、東京穀物商品取引所が復活するが、コメは統制経済下で、代わりに小豆が代役を務めることになる。

昭和34年、同取引所仲買人・小林洋行の外務員として蛎殻町に戻ってきた。小林洋行は戦前、天津甘栗の輸入で大きくなったが、戦後、山崎種二の呼び掛けで東穀取創立時から仲買人に名をつらねていた。当時の外務員はお客を持っていると同時に手張りを積極的にやった。社長の小林照元没後、小林洋行が左前になると、羽振りのよかった細金がオーナーに収まった。

細金は山崎種二とはうまが合った。山種はサヤ取りに徹し、安全第一の手堅さで財を成したが、細金は思惑一本やりで戦法は異なるが、2人はしばしば山種邸で相場談義を楽しんだ。小林洋行は3男の鉚生が社長時代の平成13年に商品先物業界では初めて東証一部上場を果たすが、現在は商品先物不況で苦戦を強いられている。

昭和55年雅章が他界した時、葬儀は日本橋蛎殻町の小林洋行本社で執り行われた。蛎殻町始まって以来という盛大なものだった。弔辞を読んだのは業界のドン、清水正紀（カネツ商事元会長）と福田赳夫元総理（秘書代読）だった。福田は長男細金正人（日本経済新聞元論説委員）の媒酌人でもあった。

葬儀を名の知れた斎場ではなく蛎殻町の本社ビルで行った点について鉚生はこうのべている。「父はこの町を一番愛していました。だから斎場ではなく、本社で行いました」法名は「常徹院殿智徳仁英雅大居士」。一介の相場師とも思えぬ超大物級の戒名が贈られた。

信条

・梅や桜といった観賞用の花木よりも柿やイチジクなど実のなる木を所狭しと植えた。腹のたしになる果実が「いざ鎌倉」という時、少しでも役に立つという相場師らしい読みが働いていたのかもしれない（「細金雅章エピソード集」）

・親分肌の包容力のある苦労人でその温容に接するや人をひきつけてやまない魅力の持ち主

【ほそがね　がしょう　1893〜1980】

明治26年茨城県出身、同41年高萩高小卒、家業の米穀商を手伝う。大正10年東京米穀取引所仲買人・赤星商店で外務員となり、同平原商店、同海野商店でも外務員活動、昭和9年吾妻鉱山開発の鉱主となり、同15年三共ラヂエーター社長、同22年茨城下駄製作所長、同34年東京穀物商品取引所仲買人・小洋行の外務員、同44年小林洋行会長、同55年逝去。（写真は「小林洋行50年史」より）

保津　章平

生糸相場で大勝利、常務に栄進

伊藤忠商事の100年史は仮名文字主義を貫いた2代目伊藤忠兵衛の意に添って漢字と片仮名でつづられている。そこには生糸市場で巨利を占め、初の年商1兆円達成に寄与した保津章平の活躍ぶりが簡潔に記されている。

「37年度下期ワ、生糸関係ノ活況ナドモアッテ、高収益ヲオサメルコトガデキタ。サラニ38年度下期ニワ、売上高ワ、ツイニ5000億円ヲ突破シ、年間1兆円（Trillion）ノ経営ガ実現シタ」

絹人絹部長として采配をふるった保津章平は社業への貢献が越後正一社長の高い評価を得て、「昭和39年5月30日、定期株主総会デ、アラタニ保津章平〈繊維第2本部長〉ガ取締役ニ選任サレタ」。そして1年後、「40年5月保津章平ガ常務取締役ニ就任シタ」。

昭和38年6月、保津章平は十二指腸潰瘍で病床に伏していた。この病気は神経を激しく消もうした人に現れるという。生糸相場との戦いに精力を使い果たした揚句、巨損をこうむり、越後正一社長から厳しい叱責を浴びせられ、世間からは相場乱高下の元凶と目され、指弾を浴びた。保津と親交のあった亀井定夫山文産業社長（元山文証券）が書いている。

大仕手戦の末、病床に伏す

「38年6月、保津が病床に倒れたのは長期にわたって展開した大仕手戦で大きな失敗をこうむったからである。横浜、神戸両市場で1万3000俵（1俵＝60キロ）という戦後最大の受け渡しをほとんど一手で現引きし、50億円もの資金を使いながら、イレ（踏み）がほとんど取れなかった。そして受けた現物は売りに出すと2000円も下でなければ売れなかった。それまでの1年間にわたる強気勝利戦が6月の1カ月で灰燼に帰した。そればかりか、手持ち現物の処分しだいでは、マイナス決算にならぬとも限らなかった」

この時、保津はこれまでの買い仕手から売り仕手へと180度転換する。戻れば売る。戻らなくても売る。徹底的に売った。7月から伊藤忠が売りに転じた時、他の商社は「曲がり屋に向かえ」と買いまくった。大量の現物を抱えた保津は「余りものに値なし」とばかり売りたたいた。大仕手戦の失敗から7カ月たった昭和39年1月、保津は失った利益をそっくり取り返したばかりか、3月期の決算では保津が受け持つ絹人絹部の利益が全繊維部門の利益の半ばを占め、役員昇格を確かなものとした。この時の戦いで、三井物産は手痛い打撃をこうむり、三菱商事は生糸の取り扱いから撤退に動いた。当時を振り返って、保津はこう語る。

「わたしは毎朝、神棚に頭を下げて祈りましたよ。どうか、この失敗を償わせて下さい。そのためにわたしの寿命が5年、10年短くなっても恨みには思いません、とね」

三井三菱を市場から撤退させる

同業他社が先物市場を利用するのはリスク回避の「ヘッジ」目的であるのに対し、伊藤忠は利潤追求の「スペキュレーター」であることが求められた。当時、伊藤忠でも脱繊維の旗を揚げながらも、三井、三菱、丸紅に比べて重化学、機械、食品等の部門で出遅れた分を得意の繊維で稼がなければならないという、ジレンマを抱えていた。

「最大のライバルであり、血を分けた兄弟会社である丸紅に、鉄鋼その他で一歩先んじられている伊藤忠としては、綿、毛、化合繊で十分にリードした今、生糸で大きく水をあけることが至上命令であった。少なくとも保津章平はそれが自分に課せられた最大の義務と受け取り、ぜひともそれをやり遂げようと堅く決意した」（亀井定夫）

生糸相場が横浜、神戸両市場で大波乱を演じていた当時、同業他社が売り方に位置し、伊藤忠は多くの場合、買い方に陣取る。これにはわけがある。伊藤忠は月間5000俵の販売力を持っていたのに、戦後遅れて生糸戦線に参入した伊藤忠は製糸会社から直接買える量は2000〜3000俵でしかなかった。

この不足分は先物市場で調達しなければならない。まとまった輸出契約ができた時などは伊藤忠の取引所での買い建玉は膨らむ。だから伊藤忠は機関店を数多く抱えていた。買い本尊が伊藤忠と特定できない場合、新聞は機関店の動向を見詰めながら「I社筋の買い」などと書いた。

繊維相場の全盛期、「豊島は相場を育て、伊藤忠は相場を殺す」といわれた。豊島は名古屋の名門商社だが、豊島の緩やかな戦法に対し、伊藤忠は強引な手法を辞さなかった。特に大量に現引きして高値をつけた翌月は売りたたきに回るので罫線は急角度で屈折する。「三井物産相場は富士山のような長い裾野を持つが、伊藤忠相場は槍ヶ岳の鋭角三角形を描く」というのも、伊藤忠の伝統的体質であるブル(雄、強気)のなせるものだろう。保津の戦略に特に顕著である。

信条

・頭は切れ過ぎるほどだが、策を巡らすことが多く、その策におぼれる場合もある
・勝負度胸は満点だが、買う時にたたき、売る時にあおって、様子をうかがう慎重さもある
・丸紅に対し、生糸で大きく水をあけなければならない
・定期(先物)市場で買いまくり、現物市場で売りまくる(亀井定夫)

【ほず　しょうへい　1913～没年不詳】

一橋大学専門部卒、伊藤忠商事に入社、繊維部門ひと筋に歩き、絹人絹部長を経て、昭和39年取締役繊維第2本部長に就任、同40年常務取締役。横浜、神戸両生糸取引所を利用して数多くの仕手戦を展開、社業に貢献。越後正一社長の信頼が厚かった。(写真は「伊藤忠商事100年」より)

森永　為貴

3人の「相場の神様」従える

原料糖買い付けの巧みさを武器に好業績を続けてきた日新製糖が初めて苦杯を喫したのは昭和59年3月期のことだ。突如42億円という経常損失を計上する。構造不況がいわれた砂糖市場で「泥田の中に鶴一羽」と評されてきた日新製糖になにが起こったのか。森永為貴社長は筆者とのインタビューに答えてこう語った。

「原料糖相場を読み違えたからです。当社の原糖の買い付けは業界でも定評がありました。内外の情報を徹底的に収集、分析します。うちには『相場の神様』といわれる人が3人います。最終的には私が決断しますが、これまで狂いはほとんどありませんでした。しかし、今度の下げ相場だけは失敗でした」

買い付のタイミングが2週間早過ぎたのが巨額の損失を生んだ原因だという。「相場の神様」3人を従えての森永の最終決断だったが、裏目に出た。森永は改めて相場の恐さをかみしめた。

それにしても、大赤字に直面した時の処理の仕方は森永らしい思い切りの良さが市場の注目を集めた。

「段階的処理の案も出ましたが、洗いざらい出すことに決めました。一過性の赤字じゃないですか。全社員が結束すればすぐ黒字転換できる。災いを転じて福にしようとみんなが頑張りました」

原料糖の買い付けと資産運用も

翌昭和60年3月期では前期の大赤字の半分を埋め合わせたという。得意の株式市場での資産運用益も大きかった。日新製糖の長期にわたる好業績は原糖の巧妙な買い付けと同時に資産運用の効果が大きく寄与している。原糖相場との格闘の過程で体得した相場勘が株式市場で生かされているのであろう。

森永為貴が日新製糖を立ち上げるのは昭和25年、39歳の時だ。その前年、石橋正二郎ブリヂストンタイヤ会長の命で九州製糖常務に就任、再建に取り組むが、宮仕えは性分に合わなかったようである。三白景気の追い風を受けて日新製糖は順調に業績を伸ばしていった。

「人並みはずれた努力家でかつ頑張り屋であったから、その後の経営ぶりも猛烈を極めた。社員にも進んで困難に立ち向かうことを要求し、現状の踏襲には厳しい態度をとった。反面、不可能を可能にするやり方は、ただ突っ走るのではなく、一つ一つ地道に積み上げてこそものになるという考え方で、『連続は力なり』といい切る人だから柔の面をみせた経営ぶりであったという」（青野豊作）

昭和40年不況で赤字を出したほかは創業以来、黒字決算を続けたかげには「相場の神様」たちの情報収集、分析のうえに立つ森永の最終的な売買判断が大きかった。相場師兼経営者森永為貴の存在が最も際立ったのが、昭和49年の豪州原糖の買い付けの際である。第1次石油危機のあおりで豪州糖相場が暴騰し、1年足らずで4倍にはね上がった。

豪州糖暴騰に対し面目躍如

この時、製糖各社は農林省の要請もあって豪州糖の買い付けに動いたが、森永は慎重だった。こんな高い原糖を製品価格に転嫁することはできないと買い付けを手控えた。暴騰したあとには厳しい反動安が来るとみて、徹底的に買い控えた。果たして翌50年に入って暴落する。それみたことか――勝負師森永為貴の面目躍如である。製糖各社が高い原料糖を抱えて四苦八苦するのを尻目に日新は好業績を維持することができた。

豪州糖を長期契約した製糖会社は後々まで原糖高、製品安に悩まされることになるが、日新製糖には豪州糖の重圧は少なかった。そのころ、多くの製糖会社が総合商社の支配下に入っていたのに対し、当時の日新製糖は自主独立路線を貫いていたから、独自の買い付け判断ができた、との見方もある。

前出の経済ジャーナリスト、青野豊作は「商社との関係はあくまで日新製糖上位型で、その扱い比率も弾力的だ。随時、より安い原糖を持ち込んだ商社の扱いを増やすといった方式をとっているほか、原糖買い付けで国際公開入札をとったりしている」という。

「社長になって30年たちますが、人使いのうまい人が多くてなかなかやめさせてくれません」と語っていた森永だが、社長在任34年に及び平成元年、78歳で長男為隆にバトンタッチする。やがてバブル崩壊による資産運用面でのマイナスが大きく創業以来の難局に陥る。為貴が亡くなった翌年、為隆会長は「日経ビジネス」誌に敗軍の将として登場、兵を語ることになる。

信条・不可能を可能にする

・人情家の一面も持つ人物だから社員に対する思いやりも深い
・調査部機能を充実させ、業界随一といわれる調査スタッフを育てた
・日本企業ばなれしたドライさをみせ、経営戦略も合理主義に徹している（青野豊作）

【もりなが　ためよし　1911～1998】
明治44年福岡県若松市出身、昭和13年神戸商大（現神戸大）卒業、石橋ブリヂストン傘下の日本ゴムに入社、のち同系列の旭食品工業に転じ、同24年石橋正二郎ブリヂストンタイヤ会長の命で九州製糖再建のため常務として入る。同25年日新製糖を創業、代表取締役、同30年社長に就任、平成元年、社長を長男為隆に譲り、会長に就任。趣味は謡曲、柔道（講道館7段）。（写真は「日経商品情報」85年1月21日号より）

山崎　憲一

病魔と闘いながら88歳の相場人生

ヤマケンこと山崎憲一が初めて商品相場を手掛けるのは昭和41年のこと、横浜生糸に手を出して1000万円くらい損が出た。敗北にこりず山崎は罫線を徹底的に研究した。このころ商品取引の山梨商事オーナー社長で相場師の霜村昭平を知る。以来、霜村とは「水魚の交わり」を結ぶ。

当時、霜村は大手亡豆の相場にはまっていた。霜村は昭和43年に大手亡の大仕手戦で主役を演じるほどの剛の者だが、山崎は霜村の売買にチョーチンをつけて相当の利益を上げた。昭和40年代の山崎は不動産、金融、宝石輸入など事業経営が主体で相場は副業であった。同45年には競馬新聞「勝馬」を買収、勝馬ビルを建設する。同48年には銀座で大型クラブを買い受け、クラブ・ロワールを始める。和服姿の女性50人を擁し、相場の作戦会議などもここを使った。同48年新潟市に社交場新世界をオープンさせる。

昭和50年代に入ると20億円を投じて本州製紙から秩父のユニオンエースゴルフ場を買収、相場にも力が入る。山崎は霜村の経営する山梨商事を機関店にして、霜村と歩調を合わせながら穀物相場を大きく張った。昭和55年、霜村と北海道に根を張る相場師鈴木樹と3者連合で小豆相場に出撃する。

天候不順を見越しての買い作戦で、8月25日には3万8850円という史上最高値にまでかつぎ上げた。

ヤマケン一人旅

霜村や鈴木から「現物を受けてこそ本当に相場師として重みが出る」と口すっぱく言われ、山崎も現物を引き取る術も覚えた。そして大天井でそっくり利食いをやってのけた。これには霜村や鈴木も舌を巻いた。業界紙は「ヤマケン一人旅」と書いた。生まれて初めてのことだった。

盟友霜村昭平（左）と（熟年ニュース・平成27年10月号）

同56年から同57年にかけての「六本木筋」の買い占めにも参加するが、一緒に組む相手ではないとみて早々に撤退する。この時は4億円くらい損をした。このころから乾繭、生糸市場に本格的に進出する。

〝乾繭4人衆〟などという言葉が生まれるのもこのころだ。前出の鈴木樹と名古屋に本拠を置くヤマニン印土井商事のトップセールスマン堀敏夫が豊橋の乾繭市場で買い進む一方、山崎は前橋の乾繭市場を受け持つ。さらに「マムシの本忠」本田忠が遊軍として両市場をにらむという役割分担のもとで買い占め作戦を展開する。

ところが、前橋、豊橋両取引所が売買規制に動き出し、連合軍に亀裂が走る。まず本田が連合軍から離脱し、3人衆も動揺がかくせない。取引所はさらに規制を強化、買い方はマル代金（時価相当額）の用意を迫られる。これによって、鈴木も堀も脱落し、山崎の孤軍奪闘となる。

肥後もっこす、死を覚悟したことも

二重三重の売買規制に耐えかねた山崎は刀折れ矢尽きた。側近に自分はこれから銀座で最後の遊びをすると言って夜の街へ消えた。息子の哲二郎に遺言書を渡したとも伝えられる。山崎が死を覚悟したことを知った盟友の霜村は「この男を死なすわけにはいかない」と有力な取引員たちに連絡を取って、最終受け渡しの納会で山崎に協力して現受けする取引員を5社確保することに成功する。霜村の奪闘で山崎は死を免れた。数億円の損で生き延びた。

山崎は寺町博とも戦い、時には対決する。寺町は日本トムソンやTHKなどベアリング会社の創業社長のかたわら、商品相場を大きく張った。そのころ山崎は肺ガンを宣告されるが、相場はやめなかった。

山崎を語る時、「ジュリアナ東京」の件をはずすわけにはいかない。平成3年5月、東京芝浦にオープンした大型ディスコ、ジュリアナ東京の経営を引き受けることになったのは、日商岩井（双日）の折口雅博から持ち込まれたのがきっかけだった。水商売はリスクが大きいのは百も承知でこの話に乗った。

想像を超えるジュリアナ旋風が巻き起こり、来客数は1日3000人平均に達し、夕方には店を目がけてお客の列はJR田町駅まで続いたという。オープニングであいさつに立った時以外は、日商岩井を表面に立て山崎自身は表に出なかった。平成バブルを象徴するジュリアナ東京旋風の仕掛け人であった。旋風は3年3カ月で終わった。山崎はマスコミの取材に応えてこう語った。

「私が馬券をあまり買わないのは、時間はもちろん、せっかくの勘や運を相場や事業に使いたいから。競馬やマージャンで勝つと不思議なもので相場はうまく行きません。相場で『見切り千両』と言うように、事業もどこで見切るかがポイント。もうけても損しても見切るタイミングを図り、ずばっと切る。そこが面白いんです」

信条

・損切りは早めに、攻めに出る時は狂気の塊のごとく
・勝負とはすべて波動でできている
・勝負の3要素は確率、勢い、運である
・勝負の運は瞬時にとらえなければならなぬ
・算多きは勝ち、少なきは破れる。まして無算では

【やまざき　けんいち　1927〜2015】

昭和2年熊本県出身、熊本商高卒、木材店に勤務、大阪に出て貿易会社を設立、同32年東京で繊維商を開店、同44年競馬新聞「勝馬」を買収、ゴルフ場やホテルを経営、商品先物の世界では「勝馬筋」の名で知られる。大型ディスコ・ジュリアナ東京の陰のオーナーだった。平成10年、地元の熊本日日新聞は郷土の勇者として山崎を取り上げ、「的中率1位の競馬新聞会長」と称えた。（写真は山崎哲二郎氏提供）

山崎　種二

二・二六事件で逆転大勝利

昭和10年、山種はウケに入っていた。

当時としては珍しい五階建て、花崗岩や大理石をふんだんに使い、東京でも二番目の自動エレベーターを備えた本社ビルを竣工させる。一方、高級住宅地の麹町には総ヒノキ造りの豪邸を新築する。近所の人々が「三番町御殿」などと呼ぶ豪奢な造りだった。

マスコミには顔写真入りで登場し、「最近の株式界を見渡して、そのファーストプレイヤーとして成功した市場人の第一に山崎種二君がある」などと持ち上げられ、小僧からたたき上げた投機界の驍将山種にフットライトを浴びせた。

山のような資産ができ、営業基盤を米から株に広げた山種にとって、恐いのは不況の到来ぐらいのものである。

家を新築した人は家族の生命と財産を守るためにまず「垣根」(Hedge)をつくり、

家の周りを囲う。リスク・ヘッジの根源は生垣である。

ヘッジ売りの名人

山種のことを世間では「売り将軍」と呼んだが、それは「ヘッジの名人」と同義語である。この時、山種は景気の先行指標である新東（東京株式取引所新株、アズマ新とも呼んだ）を中心に売る。

「私は新東、新鐘（鐘淵紡績新株、25円払い込み）を中心に売り始めた。手持ちの雑株、そして、新築のビルと自宅という資産の保険つなぎとして売りつないだ」（自伝「そろばん」）

ところが、その年の10日、イタリアとエチオピアが戦争状態に入ると、相場は一段と高騰する。年が改まっても騰勢は衰えない。「戦争は買い」と市場の買い人気は強まる一方である。

2月24日、山種はとうとう腹をくくった。

ヘッジ売りの度が過ぎて、巨大なカラ売り玉が今では因果玉となって、山種を押しつぶす。大量のカラ売り玉の撤収（買い戻し）に入ることとなる。悔悟のほぞを噛む思いで「踏み」（売り玉を損して買い戻す）始めたその時、歴史を揺るがし二・

二六事件が勃発する。

山種にとっては、「地獄で仏」である。即刻、取引所の立会は停止され、3月10日になってやっと再開されるが、記録的暴落が待ち構えていた。

「新東だけが寄付から売り物殺到で気配はどんどん切り下げていく。しかし、なかなか寄りつかない。売り一色である。……あっさり140円を割り込んだ。この日は怒号もうずまく中での大商い、午前中だけで100万株を超える新記録となった」(「そろばん」)

この時儲けは500万円にも達した。今日の価値に直せば、優に50億を越すだろう。

ソロバンと幸運呼ぶ福耳

資産防衛のためカラ売り作戦に出て、これが裏目となり、憤死寸前のところで、青年将校たちの暴挙で伝統的勝利を収める。山種はソロバンだけではない、運も味方につける男なのだ。その人並み外れた福耳が幸運を呼び込むのだろうか。

余りのタイミングのよさに「山種は二・二六事件を起こした反乱軍と一脈通じている」との噂が流れる。憲兵隊に連行されるが、根拠のないことで疑いは晴れた。

城山三郎は山種の伝記を「百戦百勝」と題した。それほど負けを知らない男だったが、昭和30年「赤いダイヤ」の小豆相場では苦渋をなめた。当時、山種は東京穀物商品取引所の理事長でもあったが、小豆相場の余りの高騰に、売りの虫が動き始め、売り玉を膨らます。

　現物を渡して相場を冷やす作戦が九分九厘成功するが、ドタン場で失敗、損も損、億を超す惨敗を喫した。市場管理の不手際もあって理事長を辞任、山種には思い出したくもない結末に終わった。

渋沢栄一の言葉（「戦後商品先物年表」より）

　山崎種二の座右銘は「成名毎窮苦日　敗事多因得意時」（名を成すは毎《つね》に窮苦の日にあり　事の敗るは多く得意の時に因《よ》る）だったという。この言葉は昭和初年、東京米穀商品取引所（東京穀物商品取引所の前身）のビルが竣工した時、渋沢栄一が贈ったもので、長く立会場に掲げられていた。

　戦後、山種が東穀理事長に就任した時、理事長室に飾って大事にしていた。山崎は自伝の中で述べている。

「成功のタネは必ず、苦しい時に芽生え、失敗するのは有頂天になっている時に原因が生じているという。まさに相場の極意である」

信条

- 採算を買い、人気を売る。採算は実、人気は花である
- 相場に外れた時は早く降りる。「離《はなれ》」である
- ゆとりをもって、眼はひろく、頭はやわらかに

【やまざき　たねじ　1893〜1983】

明治26年、群馬県吉井町出身、同41年、深川の山崎繁次郎商店の小僧となる。大正9年石井定七の米買い占めに向かって大勝利。昭和7年、怪物伊東ハンニの「黒頭巾の買い」に挑戦して勝つ。同11年、二・二六事件でがけっ淵から巨利。戦後、東京穀物商品取引所の初代理事長となるが、小豆の仕手戦で売り向かい、大敗を喫す。（写真は「東京穀物商品取引所十年史」より）

山本　晨一朗

小豆で大もうけ商品先物界入り

福井の老舗カヤ問屋山甚は第2次大戦後寝具商として着実な歩みを続けていた。その御曹司、山本晨一朗が商品相場の世界に身を置くのは、昭和31年のことだ。当時は小豆相場がにぎわっていた。周囲の反対を押し切って商品先物業に手を延ばす経緯をこう語る。

「昭和31年の大相場の時でした。ある人に勧められて小豆を100枚ばかり買ったところが、1カ月足らずで500万円ばかりもうかりましてね。面白い商売だと思うようになりました。当時すでに山甚の副社長のイスにいましたので、商売に関心を持っていましたが、仲買人という商売を企業として興味を持ち始めたところに、山種さんを通じて話があり、当時の〝丸森〟を肩替わりして〝山友〟で商品仲買人を始めたわけです」（月刊「投資と商品」昭和38年10月20日付）

ところが、家族の反対は強く、先代の山本甚三郎が健在だったころで、体よく〝勘当〃されてしまう。この時、晨一朗は「相場を張るのではない。仲買という企業を経営するのだ」と説得するが、容れられなかった。商品仲買人そのものが世間から白眼視されていた時代だから一高→東大法学部卒の経歴を持つ老舗の跡取り息子が、「あの小豆相場の世界に入るのか」と白い目でみられるのもやむを得なかっただろう。だが、晨一朗の意志は固かった。

世の中危険でないものはない

「世の中に危険の伴わない事象は何一つないのだから、危険だといえば、すべてが危険になる。右にいくか、左にいくか、生活すること自体が賭けであり、可能性への挑戦だ。白眼視する人が正しいか、どうかは歴史が解決してくれるだろう」

山本は「人間は本来的にギャンブル的要素を持っている」と考える。だから人間社会からギャンブルを抹殺しようと思ってもできるものではない、これを抑えようとすれば、どこかで発散される。この発散の場を相場の世界に求めるとすれば、有意義で、これに過ぎるものはない、とさえ言い切る。山本が賭けと相場を語り出したら止まらない。

「丁半の賭けだと丁半の賭け事に終始し、賭けがもたらすマイナスだけが残ります。相場だと、相場を仕掛けることによってもたらされる経済社会へのプラスが残ります。これは一石二鳥です。私の方針としては、現株を売買なさる方には倉荷証券による現物投資をお勧めしています。過去10年間の相場の足取りをみても11月の出盛り期に現物を買っておけば、そのうちに必ず利食いできるチャンスに恵まれます」

「人間はギャンブル的要素を持つ」

株の信用取引をやるほどの顧客には〝指値損切り〟という戦法を勧める。小豆1枚の証拠金（担保）が3万円として、見通しを誤った場合、3分の1に当たる1万円損したところで自動的に仕切る。この方法だと3万円で3回仕掛けることができる。

「素人でも狙い打ちすれば、3回に1回は見通しが当たる。とにかく、相場では余裕をもって新たに出直すという心構えが大切だと思います。これだけのことを守って着実に実行しさえすれば、相場白眼視するべからずです。見込みは何の商売でも同じことで、私の家業のカヤでも、すでに来年の需要を予測して生産を始めています」

山甚物産は創業から150年余を経てリネン資材、寝具商社として年輪を刻み続けるが、山本晨一朗が興した商品先物取引の山友産業は昭和40年代に同業他社に売却、近年の取引規制強化のあおりを受け、後継会社の痕跡すらはっきりしない。

信条

・人間は本来ギャンブル的要素を持っており、人間社会からギャンブルを抹殺することはできない
・仲買としてはお客さんと共に喜べるようにする
・初心者には現物投資、上級者には「指値損切り」を勧める

【やまもと　しんいちろう　1916〜没年不詳】

大正5年福井県出身、旧制武生中学から一高を経て東大法学部卒。家業の寝具商山甚物産副社長時代、商品先物の山友産業を創業、昭和32年東京穀物商品、東京砂糖、東京ゴム、前橋乾繭各取引所の仲買人（商品取引員→商品先物取引業者）の資格を取得。主力の東穀取では加入直後から大きな売買を行い、昭和37年には加盟63社中、8位を記録する。山本はのち山甚物産社長に就任。（写真は「投資と商品」昭和38年10月20日号）

吉川　太兵衛

山種を退場させた風雲児

昭和27年に東京穀物商品取引所が開設されて間もないころ、「売りの山種」に向かって買い進んだのが吉川太兵衛。まだ30歳そこそこの若武者だが、柔道5投、5尺6寸、25貫の堂々たる体躯は山種に引けを取らなかった。太兵衛の父太市郎は満州から京城（ソウル）にかけて缶詰めを中心に食品問屋を営んでいた。

「太兵衛は広漠たるコーリャン畑の中を馬を走らせて遊んだという。後日、東穀取の猛者連をふるえ上がらせたあの勝負度胸はこの少年時代の大自然の中で育まれ、母親たまの薫陶も与って力があった」（槙伸一）

母たまは商才に長け、大阪へ缶詰めの仕入れに来ると相場がピンと上がったという伝説の持ち主で女傑である。

昭和29年、朝鮮動乱景気の反動で鉄鋼、繊維相場が崩れ、不況色を強めていた。東穀取りでも人気の小豆が安値をつけていた。前年の産地北海道の収穫高は76万俵

（1俵＝60キログラム）で、平年作の120万俵を大幅に下回っていた。

いつまでもこんな安値にいるはずがないと、吉川は隆昌産業や昭栄繊維を通じて買い玉を仕込んだ。自店では1枚も建玉を持たずに他店を使うのは市場を迷わず作戦である。

吉川は途中から三晶実業常務の亀山功と結んで買いあおった。吉川は買い出動するに当たっては参謀役として猪股惣吉を専務に起用した。買い占め戦は現受けした品物の処分の巧拙によって勝敗を分けるといわれるが、猪股の情報分析力は抜群であった。

猪股は旧制三高始まって以来といわれる秀才で、市場の内部要因（取り組み関係）や現物の需給を読むことではこの男の右に出るものはいないと称された。吉川は猪股とのコンビで発足早々の穀物市場で主役を演じていく。

吉川の買いで相場は急上昇を始め、5月には8000円台を突破し、6月には、9000円台の高値を付け、取り組みも膨らみ、市場管理に不安を覚えた取引所は急遽、総解け合いという強硬手段に出る。吉川は大きなもうけを手にするが、不本意な解け合いによる逸失利益を計算すると納得いかなかった。

昭和29年の収穫高が41万俵という大凶作となって相場上昇に弾みがつき、翌30年

1月には1万1000円台に高騰する。理事長山崎種二は強い規制策を実施、4月には8500円まで下落する。

「買いの総帥吉川太兵衛は、この下げ相場の舞台裏で着々と復しゅう戦を練りつつあったが、右翼の大物児玉誉士夫を黒幕として、資金調達には三菱商事、金融界の怪物・森脇将光、株界で風雲を呼ぶ堀久作日活社長を構えるという大掛かりな陣容で、物量戦でも山種を上回るものがあった」（徳山倉商著「連戦連勝」）

銀杏稲荷そばに買い方連合軍

東穀取そばの銀杏稲荷近くに〝山種打倒本部〟ともいうべき買い方連合軍の本陣を設ける。ここに集まるのは吉川、猪股のほか、児玉の片腕とされる奥仁足百、渋谷の建設業者吉川清、甘栗大手の柴源一郎らの面々で、売り注文を片っ端から飲み込んでいく。売り方山種も多勢に無勢、苦戦を強いられる。このころになると笹川良一が買いの中心勢力になって、少々物騒な空気も立ち込めてくる。

当時、民主党代議士で東穀取の仲買人・山村米肥社長の山村新治郎（初代山新）が和解工作に乗り出し、なんとか休戦にこぎつけるが、山種の損害は2億円に達した。昭和30年5月、山種は理事長を辞任する。

山種が撤退したあと、市場は再び安値低迷に入るが、吉川の血が騒ぐ。資力にモノをいわせて吉川が買いに入る。そして相場の上昇をみて、山種が戻ってくる。当然、売り方に立つとみられていたが、なんと買い仕手としてカムバックしたのだ。すると、吉川は売り方に回る。前回とは攻守ところを変えた取り組みである。この辺りは相撲の差し手争いのようでもあるが、山種は基本的に売り屋であり、吉川は買い屋である。

昭和31年、吉川は三菱商事の支援を受けながらの執ような買い進みによって山種は踏み上げを余儀なくされる。以来、山種は小豆相場の第一線から身を引くことになる。天下の山種を一蹴した吉川は、宿命のライバルを退場に追い込んだあとも戦いが続く、全国在庫の70％近くも手持ちしている以上、これを高値で売りさばくためには先物市場を高値に維持しておかなくてはならない。引くに引かれぬ強気作戦続行である。

この戦いを最後に蛎殻町を去る

そして昭和32年4月限で勝負に出る。納会前日の23日には1万890円の最高値をつけ、世人をあっと驚かせる。風雲児・吉川太兵衛の凄味をみせつけるが、この日が吉川の相場人生の大天井となる。翌日は売り方の巻き返しにあって、8360円と暴落して納会。暴落の一因は深川の雑穀商、北信物産が現物の裏付けのない約2万俵の〝カラ荷証券〟を渡したためで、のちに裁判沙汰となるが、吉川もこの戦いを最後に蛎殻町を去る。

梶山季之の小説「赤いダイヤ」では宝井物産の佐藤英作、実は三菱商事の斎藤英一穀飼部長も「吉川に深入りし過ぎた」という理由で閑職に追いやられた。草創期の両雄、山種と吉川が去ったあとも西山九二三、伊藤忠雄、霜村昭平、板崎喜内人、栗田嘉記……数々の相場師が小豆に賭けて仕手戦が演じられていく。

信条

・思うに吉川太兵衛こそ、戦後の穀物取引所界に生気を吹き込んだ功労者である。彼の仕手策動がその後の穀取発展の基礎となった
・胸のすくような豪快な振幅の足跡は穀取史上に永達に残るであろう（徳山倉商）
・相場好きの良家のおぼっちゃんという感じの人でした（森川直司元東京穀物商品取引所専務理事）
・大胆で細心、天性の相場師の資質を備えていた（細井太郎）

【よしかわ　たへえ　1922〜没年不詳】

大正11年東京都（一説には広島県）出身、慶応大学政治科卒、昭和27年10月東京穀物商品取引所がオープンした当時は父太市郎が東京京橋で営む米穀問屋兼商品先物仲買人、東京吉川太商店（丸太印）の役員だった。同29年東京吉川商店に商号を変更すると同時に父に代わって社長となり、翌30年東穀取理事に就任、同33年7月東穀取を退会、同年9月一般会員として再加入するが相場から離れ、問屋業に専念する。（写真は「東京穀物商品取引所十年史」より）

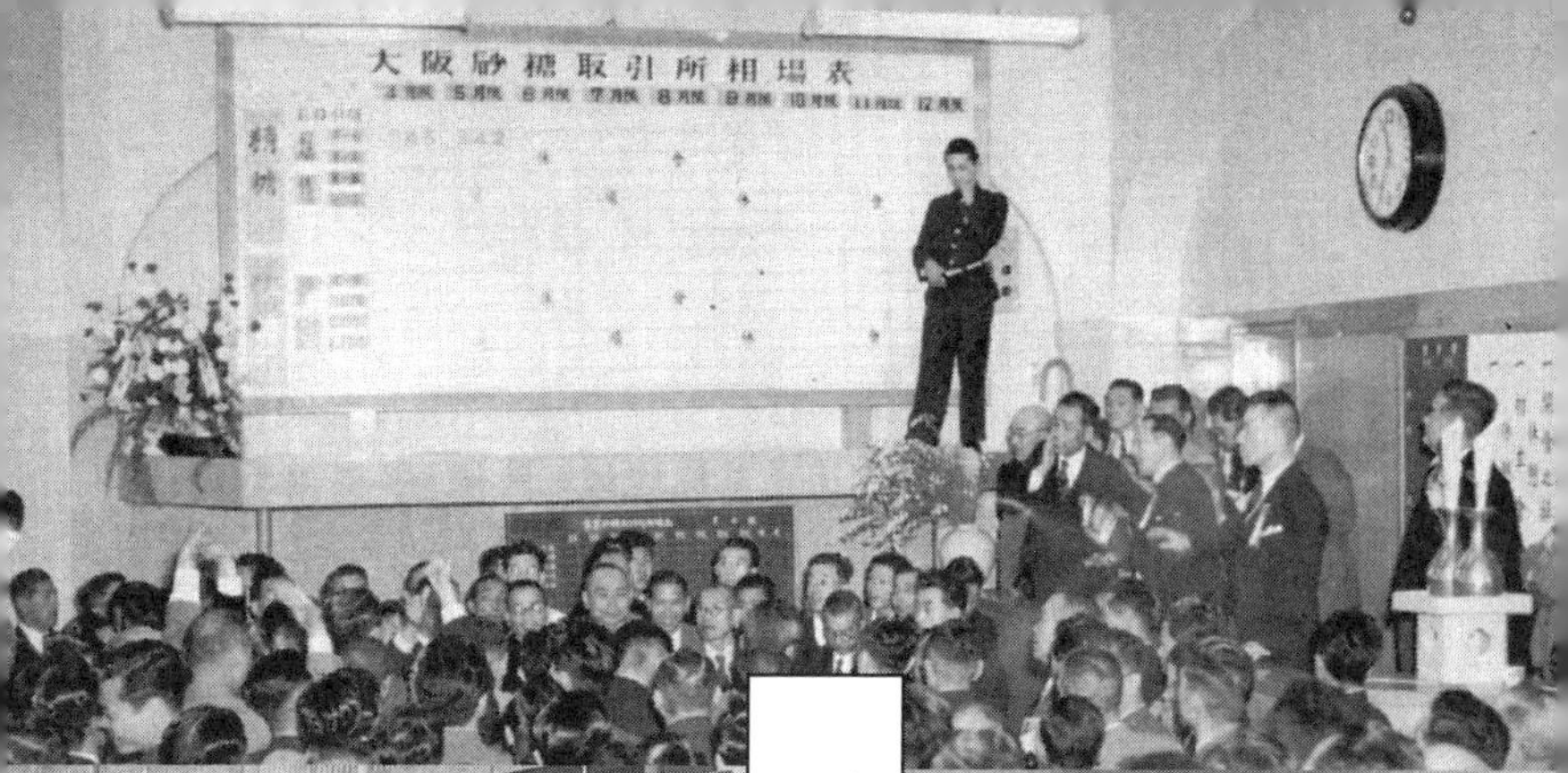

西日本編

（大阪・神戸・下関・福岡）

石田 庄吉

「投機師の血」流れる

大阪の老舗砂糖商、平野屋の石田庄吉を語るには祖父、石田庄八までさかのぼる必要がある。明治初期の大阪砂糖市場で石田庄八は八田利助、太田庄七、長岡老人とともに「四天王」と称された。いずれも硬骨漢で、絹の織物を着たり、ハイカラな言葉遣いをするような客には「お前さんらに売る砂糖はないよ」などと一喝したという。

石田庄八の養子となる石田庄七は紀州田辺の産。姓を原と言い、豪放磊落、逸話山積の男。明治16年、大阪に出て三上商会を経営、御用商人として活躍するうち石田家の養子となり、平野屋の3代目社長に就任。このころ岩崎定三郎、香野蔵治とともに「三養子」と呼ばれる。当時、老舗の集まる船場の商家ではたとい、実子があっても他家や腕利きの使用人から養子を迎える風習があった。

「庄七は後、ジャワ糖の輸入で失敗し、天王寺茶臼山の別荘（後の住友別邸）を

1万円で手放す。この別荘には葵《あおい》の紋がついた灯籠があり、思えば大した価値のある代物であったらしい。孫文（逸仙）が日本に亡命時、八百屋町の自宅にかくまったこともある。欧州大戦の狂騰時、北浜の株仲買として買い方の急先鋒に立ち、売り方はかの岩本栄之助（中央公会堂の寄付者）であった。大正5年買い方の勝利の中で岩本は自殺、その1カ月後を待たず株価は暴落し、石田も産を失い債鬼に追われる身となる」（大阪糖業倶楽部編「浪華の砂糖の物語」）

「投機界の快傑」と雄名馳せた父

庄七は「投機界の快傑」として雄名を馳せ、砂糖だけでなくあらゆる投機街で大暴れした。

「豪快放胆の大思惑を各投機市場で敢行し、時に乾坤一擲の大暴れわざを試み、市場を震撼させたことが何度あったことか。時に数百万金を勝ち得て市場人をうらやましがらせ、時にカラっけつになって債鬼重囲の中に座すなど、起伏万丈、波乱重畳の相場師生活を続けるうちになにを感じたのか、晩年を精神的事業にささげて成敗利鈍のそとに超欲生活をやっている」（大阪今日新聞社編「市場の人」）

これだけの大投機師の血を受け継ぐ石田庄吉だから投機魂と商才が一般人をはる

かに超えるのは当然のことであろう。加えて庄吉には、緻密な読みと用意周到さと着実、穏健さを併わせ持っていた。まさに「藍より出でて藍より青し」とは庄吉のような人をいうのであろう。庄吉の相場振りが伝わってこないのは、父の派手すぎる一挙一動をきらって地道に手堅く張ったからではないか。

石田庄吉は神戸高商（神戸大）を卒業後、平野屋合資会社を引き継ぐとともに大正14年発足の大阪砂糖取引所の商議員に推される。一説には大正7年、高商時代、学生服のまま、父のこしらえた借財返済と平野屋再興のため血のにじむ努力を重ね、地方に出張販売の時などいくど駅のベンチで夜明かししたか知れないという。

大阪砂糖の初代理事長

少年時代、父庄七が相場で七転び八起きする市場人生の傷心と苦悩を間近にみてきたことが庄吉には大きな教訓となった。前出の「市場の人」は庄吉には高い評価を惜しまない。

「年の歯、ようやく34、35歳、手腕は老巧とはいえないが覇気満々、才智縦横、社交の術に長じ、有力者に近づき、よく人の気持ちを察し、ごきげんをそこねるようなヘマはやらない。だから処世の道を誤らない。若い者が陥りやすいおごりの風は少しもない。すぐれた青年商人というべく、あの若さで市場の声望を高め、人々から畏敬の目でみられている」

第2次大戦後、砂糖取引の自由化を待ちかねていた大阪の糖業界は昭和27年4月、大阪砂糖取引所を復活させ、初代理事長に石田庄吉を選出する。同30年砂糖管理法が国会に上提されそうな雲行きになるや取引所の存亡にかかわる一大事とばかり粉骨砕身、朝の4時から代議士の邸前に立って面会の順番を確保した。

石田たちの猛烈な抵抗もあって法案は閣議決定には至らなかったが、石田は体調を崩し、翌31年1月理事長を辞任、鈴木恭治にバトンタッチする。

昭和初めのことだが、大阪糖業界には三羽烏と呼ばれる人たちがいた。それは長岡喜十郎、上野清作、石田庄吉の3人で、長岡はのちに芦屋市長を務め、上野は米谷甚三郎のあとで大阪砂糖取の第4代理事長を務めた。

信条

・覇気満々、才智縦横、社交の術に長じ、有力者に近づき、処世の道を誤らない

・少年時代、父の七転八起の苦しみを直視したことは人間性を養ううえで大きな支えとなった

・豪放不羈の気を蔵しながらも言行は着実穏健だった（大阪今日新聞）
・砂糖の統制に抵抗、粉骨砕身、病床の人となる（大阪砂糖取引所沿革史）

【いしだ　しょうきち　生年不詳～１９６８】

大阪府出身、父庄七は大阪の老舗砂糖商平野屋を経営するかたわら、相場師として各投機市場で七転び八起きの波乱の人生を送る。庄吉は神戸高商を出て平野屋を継ぐ一方、大阪砂糖取引所の商議員となる。昭和27年、大阪砂糖取が復活すると、初代理事長に就任、同30年、砂糖管理法案に反対、政府は閣議決定をあきらめる。同31年体調を崩し、理事長を辞任。（写真は「大阪砂糖取引所30年史」より）

板崎　喜内人

第一次狂乱物価時の寵児

板崎喜内人は相場の盛んな三重県桑名に本拠を構え、商品相場で巨利を占め、「桑名筋」と称された。その一挙一動に衆目が引き寄せられたものだ。板崎がマスコミの寵児となるのは、昭和48年、第1次石油危機の当時である。全国紙が1人の相場師のために大きなスペースを割くのは異例のこと。繊維相場のもうけが50億円に及んだとなれば、マスコミも放ってはおけなかったのだろう。記者のインタビューにこう胸を張る。

「この道18年間、あらゆるものを手掛け苦労してきたが、上向いたのは昭和44年の小豆からだ。46年末に国税庁に財産を調べてもらったら5億円あった。公明正大にもうけた50億円のうち60％の法人税を払えば、残りは晴れて国家が認めた財産になる」

縁起のいい町・益生生まれ

この時、板崎は38歳。桑名のすぐそば、近鉄沿線の益生（えきせい、現桑名市益生町）に住んでいた。「利益が生まれる町」とは縁起のいい町名で、板崎が運営する相場会社の名がズバリ大益商事。相場でもうけた大利益を管理、運用する会社の社長である。

狂乱物価がいわれ始めた昭和48年春ころのことだが、相場師の介入で騰貴したのではないかとの記者の問いには「需給関係を映した相場だ」と真っ向うから反論する。

「相場は人為的にどうなるもんでもない。取引所がなくても上がるし、取引所がなかったら、このスピードで収まったか、どうか。こうなる事態を予測して手を打たなかった政府の無策のほうが問題だ」

大正米騒動の時、怪傑増田貫一が「米相場が高騰しているのは相場師のせいではない。需給がひっ迫しているためだ。取引所の相場は人為的に動かせるものじゃない」と、時の農商務大臣に凄んでみせる場面が二重写しに見えてくる。

週刊誌が「儲けたぞ50億円！　妻忘れ、子忘れ、親忘れ、……相場一筋の男の道」

などと書き立てると、板崎は開き直る。

「マスコミの報道は実に心外ですな。私は非合法で儲けたわけじゃない。正々堂々と儲けたんだ！　世間の人は商品相場をバクチ同然、アブク銭だとか言って非難しますが、これほど辛い商売もないんですよ。血の出る思いで稼いだんです」

板崎の相場師としての出発点は、岡藤商事時代で、大阪穀物取引所の場立ちのかたわら〝手張り〟の味を覚えた時だ。当時、岡藤の専務取締役として采配をふるっていた伊藤忠雄は大物相場師として、商品市場を睥睨《へいげい》していた。板崎にとっては夢のような存在であった。板崎は枕元に伊藤忠雄の写真を置いて毎晩寝る前には写真に向かって手を合わせ、「伊藤さんのようになれますように」と拝んだという。

新婚旅行先でも相場放送に聞き入る

板崎の前半生は文字通り〝相場漬け〟の日々であった。新婚旅行の時、突然、駅のホームから姿を消したかと思うと、駅前食堂のラジオの相場放送に聞き入っていた、と詠子夫人が証言している。

大もうけしたからといって、板崎の生活は質素だった。60坪の敷地に10坪のプレハブが2棟、朝は6時に起き、味噌汁とお新香で済ませ、グロリア72年型で出勤、社員7人を指揮して相場と格闘する。

ノンフィクション作家の沢木耕太郎が相場師の生態をルポルタージュするに際し、最初に板崎を訪ねたのは「桑名筋」の全盛期であった。沢木は1年ほどユーラシア大陸を放浪したあと、再び板崎に会うが、その時、板崎は仲買店のオーナーに変身していた。張り子が胴元になっていた。沢木は失望をかくさない。

「彼は、彼こそは、金がたった10万円になっても『ピンバリ』で相場にしがみついていく相場バカかと思ったが、意外に分別があった。それを知った時、彼に裏切られたような気がした」(「鼠たちの祭」)

大もうけした当時、買収した仲買店は人手に渡り、相場師板崎喜内人の名も遠のいていった。細々と相場をやっているとの話は聞くが、今、桑名に大益商事は存在しない。

信条

・板崎は、相場は神聖で、人為で動かすなどもってのほか、との考えから大勢に逆らわず、読みの的確さで成功した(森川直司)

・玄人と素人の差は利が乗った時、どこまで辛抱できるかということです。100円で利食うか、1000円まで待てるか。そして、どこで

見切るか、だけです

【いたざき　きなんど　1935～現在】

昭和10年三重県一志郡三雲村（松阪市）で神主の子として生まれ、同29年県立津高校を卒業、岡三証券に入社、穀物取引に従事、証券・商品分離に伴い同証券の兄弟会社岡藤商事に移籍、大阪穀物取引所の場立ちとなる。手振りの味を覚え、やがて、相場師として独立、相場会社大益商事を創設、社長となり、「桑名筋」と称される。商品取引の川村商事や京丹商事を買収、オーナーになったこともある。（写真は藤野洵氏提供）

市橋 市太郎

売り主体の相場名人

昭和の初め繊維業界では関西5綿とか、船場8社などという言葉があった。関西5綿とは綿花輸入、綿布輸出を柱とする伊藤忠、丸紅、東棉、日綿、江商の5つの商社を指し、戦後70年間に大きく変容した。そして大手糸商の総称としては船場8社が有名で、丸永、八木、又一、田附、岩田、竹中、竹村、豊島の8強を指した。綿糸布相場の決定権はこの8社の手に握られていたこともある。

大阪三品市場を舞台に糸へん相場が沸いた時代、田附のオーナー田附政次郎と岩田の創始者岩田惣三郎の丁々発止の対決は名勝負として語り継がれている。そして戦中から戦後にかけて、豊島の塩谷又一常務、八木の市橋市太郎専務という、両番頭の名相場師ぶりも見ごたえがあったが戦後70年たって、忘れられようとしている。だが、八木（ヤギ）と豊島の2社が船場8社の勝ち組として21世紀に生き続ける中で両番頭の存在を無視するわけにはいかない。買いの塩谷、売りの市橋と呼ばれたものだ。中でも市橋は半世紀以上にわたって綿相場の世界で活動を続け、その息の長いことでは、この分野では世界記録保持者とされた。今日ならさしずめギネスブックものであろう。

「紡績のボウは横暴のボウだ」

市橋は紡績に対してずけずけモノを言う。「紡績のボウは横暴のボウだ」などと皮肉られるほど紡績の腕力が強かったが、市橋は口癖のように言う。

「糸商というものは紡績に代わって糸を機屋に売ってやるのが商売である。しかも糸相場は変動が激しく、この変動に耐えていくためには才覚もいれば、金もいる。そういう糸を高く売りつけながら一文もリベートを出さない法があるものか」

市橋は「われわれ糸商は紡績のコミッション・マーチャントではない」と繰り返し強調する。船場8社はサヤ取りにとどまらず思惑もやる。だから糸商の優勝劣敗は免れない。

相場の上手な糸商は栄え、下手な糸商は消えていく。昭和27年に丸永が日綿に吸収され、同29年には岩田が倒産、同33年には東京の名門日比谷が破綻、同35年には田附が日綿に吸収され、又一は金商と合併するなど不況のたびに大手糸商の倒産や吸収合併が伴った。

市橋が売りを主体にした不況に耐えるタイプの相場師であったことが八木には幸いし、不況をくぐり抜けることができた。

「しかし、この性格のため、八木は一向に大きくなれないのであり、糸商という

ものから脱皮できないでいる。豊島の塩谷が買いの得意なタイプであるのと対照的だ。豊島が常々八木を上回る取り扱い高を上げているゆえんはこの辺にあるのかも知れない」(「投資と商品」昭和36年5月号)

田附将軍の信者

市橋の相場観は、綿製品の需給関係といった地味な数字から割り出されたもので、人気相場を大きくとらえようというものではない。むしろ人気に対抗する型である。田附将軍の「逆ザヤ売るべからず、順ザヤ買うべからず」は繊維相場最大の金言とされているが、市橋はその信者である。ただ、売りの得意な人だけに逆ザヤであってもカンと経験で売りに回ることがあり、時々手痛いしっぺ返しを食う。

八木商店の特徴は市橋の号令一下、全店が売りなら売り、買いなら買いで一致して行動する点である。この点は豊島とも共通している。

「こういうやり方は大きくつまずくことになりやすい。幸い市橋、塩谷という名相場師が采配をふるっているので長所の方が出ているが、その代わり、部下にすぐれた相場師を養成することができない。伊藤忠の若手が多士済々であるのに比べて八木、豊島の若い人材は寥寥たるものである」(同)

伊藤忠の多士済々の中には「相場の神様」と称された越後正一も含まれているはずである。船場8社の中でその名を21世紀に伝えるのは豊島と八木だけである。

信条

・逆ザヤ売るべからず、順ザヤ買うべからず
・需給関係から割り出した相場観に立って、売りを主体とする
・不況時には強いが、好況時に大勝ちできない
・紡績(売り手)にはずけずけモノを言い、機屋(買い手)には気を使う

【いちはし　いちたろう　生没年不詳】
明治45年、大阪の老舗八木商店（ヤギ）に入り、綿糸布の販売に従事、相場の名人と呼ばれ、着々と地歩を高め専務に就任、「綿業界の彦左」と称された。(写真は「投資と商品」昭和36年5月号より)

伊藤　忠雄

陽動作戦で市場を幻惑

ノンフクション作家の沢木耕太郎が伊藤忠雄を訪ねるのは引退した相場師として奈良県生駒に住んでいた時だ。応接間には大きなトロフィーが飾ってあった。自らの頭文字を冠した持ち馬「アイテイオー」が第24回オークスを制した記念に贈られたものだ。伊藤は競馬の話には相好を崩した。相場のことは語りたがらなかったが、やっと重い口を割った。

「そうやな、私が買うやろ、ほしたら大衆の皆さんが一緒に買うてしまう。危ないからやめてくれて皆さんにお頼みするんやけど、いや伊藤さんと心中するんやったら本望や、いうてくれはりましてな。そやから、私も大衆のみなさんに損させんような相場を張っとった」(「鼠たちの祭」)

だが、この言葉には「うそ」があるように思えてならない。全盛期の伊藤には、彼が誇らしげに語るように一般投機家がわんさとチョウチンをつけた。付和雷同派を時には利用し、時にはだました。伊藤の信条として今に伝わっているのが、「身内から欺け」という言葉だ。

伊藤は〝オトリ玉〟で市場を幻惑させた。いかにも伊藤が買いに入ったかのように見せかけておいて、別の店でどっと売りを建てる。チョウチン連中は伊藤の掌中で踊った。伊藤の肩を持つわけではないが、あのケインズも同じようなことを言っている。

「仲間を出し抜き、群衆の裏をかき、質の悪い、価値の下がった半クラウン銀貨を他人につかませることである」

市場は古来、トランプのババ抜きの要素を秘めている。

岡三証券の常務取締役営業部長

伊藤忠雄は明治41年、相場の盛んな三重県津市出身で初陣は株式市場だった。昭和24〜25年にかけて新日本窒素（チッソ）の仕手戦で名を上げた。当時伊藤は岡三証券の常務取締役営業部長として創業社長の叔父加藤清治を支えていた。津を拠点とする地場証券が大阪の鈴木証券を買収、北浜に進出するに際しては伊藤が献策した。やがて商品取引の岡藤商事を設立、伊藤は専務に就任する。同時に希代の相場師、伊藤忠雄が商品先物市場で大きく羽ばたく時がくる。

昭和31年には繊維市場に登場して人絹糸の買い思惑で勇名を馳せ、同33年には笹川良一と組んで黒糖の大仕手戦で主役を演じ、同35年には豊作で沈滞にあえぐ穀物市場を舞台に東京、大阪、名古屋の3市場を股にかけ小豆大暴騰劇を演出した。翌36年には生糸市場に出陣して黄金時代を築き上げ立て役者となる。

神戸生糸取引所の三木瀧蔵理事長（三共生興創業社長）をして、「不振の生糸取引所を今日の隆盛に導き、振興したのは近藤信男、伊藤忠雄の両氏のお陰です」とうならせた。

この間、伊藤は大阪穀物取引所（現大阪堂島商品取引所）仲買人協会会長として猛者たちを束ねる行政手腕も発揮する。

岡藤商事を辞め三協商事を設立

昭和36年、社内事情から岡藤商事を去って、目と鼻の先に三協商事を始め、社長に就任、瞬く間に大阪でAクラスの仲買人へと躍進させる。岡藤商事からごっそり社員が伊藤についていったのは伊藤の人間的魅力にあった。若き日、伊藤のもとでカバン持ちをやっていた藤田庸右（元フジチュー会長）が言う。

「伊藤さんは〝男の中の男〟という存在でした。大胆かつ細心の気配りで、人をひきつけて離さない。この人のためなら、という気にさせる人でしたよ」

当時マスコミは伊藤のことをＩ氏と呼び、「Ｉ氏の買い出動」とか「Ｉ氏の陽動作戦」と書き立てた。伊藤のコメント次第で相場が上下に動いた時期がある。

筆者が伊藤に会ったのは東京江戸橋辺りで「マルミチ」を経営しているころで、もう絶頂期は過ぎていた。しかし、太いまゆ、大きな目玉、静かな語り口、そして核心に触れる話は一切口を割らなかったように記憶している。

戦後最強の勝負師と称された伊藤忠雄の晩年はわびしい。伊藤をよく知る投資日報社の鏑木繁が書いている。かつてＮＨＫテレビの特別番組「現代の相場師」に登場したころの勇姿はそこにはなかった。

「入院した病院の赤電話でガウンのポケットにいっぱい硬貨を詰めて相場を張っている姿を見て悲しくなった」

伊藤とゆかりの深い岡三証券、岡藤商事の社史にも伊藤の足跡が一行も触れられていないのはあまりにも強い相場への執念のせいかも知れない。

信条

・身内から欺け（いかにも買い出動したかのような玉を建て、それをオ

トリ玉とし、別の店で売る）
・期近限月買い・期先限月売り、大阪買い・東京売りなど両面作戦で智略を巡らす
・天才的な相場感覚と綿密な計算と深い読み
・相場取引を収益性の高いビジネスに仕上げる

【いとう　ただお　1908〜1984】
明治41年三重県出身、叔父加藤清治が創業した岡三証券常務として営業の采配をふるい、昭和29年加藤清治とともに岡藤商事を創業、専務に就任、数々の仕手戦で主役を演じる。同35年岡藤系列の三愛商事社長、同36年三協商事社長、この間、大阪穀物取引所仲買人協会長。同38年三協商事を辞め、マルミチ社長のあと引退、昭和59年7月29日没。（写真は藤野洵氏提供）

上野　清作

砂糖界のキリン児

昭和の初め、大阪の砂糖取引所の主役は長岡喜十郎、石田庄吉、そして上野清作の3人で〝三羽がらす〟と称されていた。そのころの地場の評判記が残っているが、中でも上野は、小柄にして奇略、俊敏、太閤秀吉にも比すべき智略の人だという。

「君をして口銭主義の店の経営やソロバン本位の製糖工場経営などに当たらしておくのは惜しい。君は胸に神算奇謀を秘めて、変幻自在の駆け引きにより、商戦場裏に突進して乾坤一擲の快挙を試みることに君の本領があるように思われる。それが君にふさわしい。糖界のキリン児と称され、智略、太閤に比すると言われる」（大阪今日新聞社編「市場の人」）

だから、砂糖商として手数料稼ぎに血道を上げたり、製糖工場を経営して原価と販価をソロバンで弾くようなことはもったいない、取引所で大胆に相場に挑戦するのが似合うとマスコミはみている。

リスクを恐れぬ胆の太さ

上野清作は明治21年、福井県三国町新保村(坂井市)で生まれた。父親は北前船※を営んでいた。北海道と福井の間を船で往来し、海産物を仕入れては関東や関西に販売していた。当時の法律では家督はすべて長男が引き継ぐことになっていたので、次男である清作は家業を継ぐことはあきらめ、商都大阪に出て商売をやろうと心に決める。

※北前船《きたまえぶね》　江戸時代から明治時代にかけて活躍した主に買い積み回船のこと。買い積みとは商品を預かって運送するのではなく、航行する船自体が商品を買い、それを売買することで利益を上げる回船のこと。当初は近江商人が主導権を握っていたが、後に船主が主体となって貿易を行うようになる。単なる運送業とは比較にならないほどハイリスク・ハイリターンの商売であった。

清作には父の血が流れ、リスクを恐れぬ胆の太さがあった。大阪の大手砂糖商八田利助商店に入り、丁稚として懸命に働いた。近代砂糖産業の黎明期のこととて、「いつか一旗上げてやるゾ」とひそかに誓ったに違いない。八田利助は明治の大阪砂糖市場で四天王と呼ばれた豪商。

奉公して10年がたち明治から大正に移るころ、八田利助商店の許しを得て独立する。当時、丁稚が独立する場合、手代、番頭、と昇格し30歳前後が普通だったが、清作は25歳で砂糖を販売する上野商店を開業する。大正2年のことだ。同13年には合資会社上野製糖所を設立、再製糖も始め上野の業容は拡大する。特に黒糖のシェアが高かった。それにはわけがある。

「清作はある風景に出会いました。それは仕事でたびたび訪れた奄美大島でのこと。燦々たる太陽のもと、大地にサトウキビ畑がどこまでも広がっています。黒糖工場で汗をかき懸命に働く人々の姿に心を奪われたといいます。そして『生涯の商売としてこの黒糖とつきあっていこう。上野商店を大きく育てるんだ！』と堅く決心しました。以来、清作の座右の銘は『太陽と土』となったと伝わります」（上野砂糖創業１００年記念誌）

砂糖は代表的国際商品で相場変動が荒っぽく、中でも黒糖は特に変動が激しかった。

世界恐慌下で生き延びる

昭和に入り世界恐慌下、ニューヨーク砂糖相場が暴落、上野も少なからず打撃を受ける。同業者がバタバタ閉店に追い込まれる中、上野は生き延びた。現金決済主義を貫いたから代金が未回収になることはなかった。上野の取引先は地方の問屋が中心だった。

当時、地方の問屋といえばその地の名士であったから経営は安定していた。また取引先が多く1件当たりの取引高は小さかったが、そのことが不況期には逆に強味となった。リスクを分散する結果となったからだ。

昭和14年には商号を上野砂糖合資会社に改め、台湾の塩水港製糖、台湾製糖をはじめ多くのメーカーとの取引も増えていった。いつしか関西糖業界のリーダーになる。

社業の方は長男好清が2代目、次男守良が3代目と続き、現在は孫の誠一郎が4代目社長を務める。明治から大正にかけて大阪には、多い時は何百という砂糖屋があったが、今は何社も残っていないという。上野が長寿を誇るのは「商売は細く長く」を心掛けたからであろう。

信条

- 良品は声がなくても人を呼ぶ。信用は宝なり
- 座右の銘は「太陽と土」（黒糖を産み出すエネルギーは太陽と大地で

ある）
・現金決済
・細く長く

【うえの　せいさく　1888～1978】
明治21年福井県出身、同35年大阪の砂糖商八田利助商店に奉公、大正2年独立、国内産砂糖の販売と再製糖業を開始、戦前から戦後にかけて大阪砂糖取引所の要職にあった。また黒糖では斯界の権威として知られる。関西砂糖特約店協組、大阪黒糖問屋協会の各初代理事長、昭和38年大阪砂糖取引所第4代理事長を務めた。同42年産業功労者として表彰され、勲五等瑞宝章を受章。（写真は「大阪砂糖取引所30年史」より）

岡　弥蔵

理事長みずから手を振る

平成29年は大阪穀物取引所（現大阪堂島商品取引所）が誕生して65年の節目に当たる。初代理事長を務めた岡弥蔵は戦前からの米穀業者で米相場が三度の飯より好きだった。昭和35年、大穀の理事長室を訪れた業界紙の取材記者にこうぶち上げた。この時すでに古希を過ぎている。

「人間で生きている以上、右か左か、どっちかに行かなければならん。相場は売りか、買いかのどっちかを決めるのだから、『相場はやらん』という人は、私にいわせると、自分の行き先を決定できないようなもので、生きている価値がないような気がするんだ。相場を張らなくて何が人生かだ。アッハハ……」

「相場を張らずに何が人生だ」

「競馬は身体の健康のため、相場は頭の健康のため」というのが岡の持論で、岡が相場を語り出したら止まらない。

「相場をやっているとボケない。そしてカンがよくなるというか、冴えるように思う。大体、私は田舎から裸で出てきたのだから、なくなってもともとだ。気楽な気持ちでやる。相場は、夜眠られないほど張ってはならないともいえるが、張っていると、そういうことがあるけれども、好きなればこそ張るのだから、そこにまた相場の妙味というか、魅力があるんだろう」

大穀が売買開始するのが昭和27年10月6日、対する東京穀物商品取引所（東穀）が4日遅れて10月10日にスタートする。東穀は発足から10年間に理事長が山崎種二、木谷久一、加藤兵八、鈴木四郎と4人を数える。一方、大穀は岡が再任に次ぐ再任で、11年間務めた。理事長在任中に亡くなったが、健康ならばもっと長期にやっていただろう。

岡には余人をもって代えがたいものが備っていたのであろう。岡は立ち会いが始まると、必ず高台に現れ、その風貌は「大阪場所の名立て行司の風格がにじみ出ていた」とも伝えられる。岡は株も手掛ける。

「株もやっているが、今日マーケットに行ってもおかみさん連が1万円札を持って買い物をする時代です。そう考えると、株価は上がったといっても、まだ割安な気がする。調べると割安な株があるし、まだ上がるような気がしている。今秋には総選挙があるから株でも動かさないことには選挙資金などどこからも出ないというのは私の見通しだ、突飛高のものはないと考えるが、面白いものはある」

昔は選挙が近づくと政治資金稼ぎに政治家が出動してよく相場が動いた。

岡弥蔵は20歳の時、兵庫県神鍋山のふもとから出てきて、大阪の米問屋井上伊作商店に入る。25歳の時、店主や知人から借金して独立、ほどなく大正7年の米騒動に出食わす。

天王寺公園に群象が集まって、米屋を襲う作戦を練る。岡は近所の薪炭業者に頼んで米をかくした。お寺にも頼んだが、断られた。岡は述懐する。

「私たち小売り屋は騒動が起こってうろたえているうちに軍隊が出動し、警察が来て、米はどこにやって、どこにかくしたかなどと、うるさいことになったが、とにかく騒ぎは収まった」

米相場が一番にぎわったのはこの米騒動のころで、当時の米穀業者は取引所をリスクヘッジのため利用したが、岡はもっぱら手張りのために堂島に出掛けた。

「私は勝負事が好きだから、張り子として相当張っていた。だから、毎日堂島に電話するか、出掛けて行ったものだ」

相場をやらない人は生きる価値がない

昭和14年、米価が統制され、米相場の火が消えた。戦場を失った岡の落胆する姿が目に浮かぶようだ。第2次大戦後、米穀取引所の復活に向け、山種率いる東京の米穀業者と呼応しながら大阪では岡が中心になって同志をつのる。まず雑穀の取引が自由になって、次には米の自由化も近いとにらんだ。

堂島米相場の復活に備えて、雑穀の取引でけいこをしておこうと始めたのが大穀であり、東穀であった。

岡は理事長として市場振興のため、みずから立会場に出て手を振った。東京では山種も小豆相場を手掛け市場を沸かせた。岡は当時を回想して語る。

「私は場に出て、手を振って、買い手がなければ買う。売り手がなければ売る。好きでなければやれん。好きだからやってきたが、場は私がいないと商いができないということもあった」

そして60年、米相場はやっと復活したが、厳しい売買制限のもと理事長が市場参加者探しに奔走する姿は立会場で手を振った岡や山種の姿と二重写しにみえてくる。

信条

・金をかけない勝負は薬味のないうどんと同じ
・生まれ変わっても、相場はもっとせんならん。理事長で張っとるのはわしぐらいかな。70歳になってもやってるもの
・1人立ちして人の3倍働き、3倍飲んだ。酒を飲まんと出世せんな

【おか　やぞう　1888〜1963】

明治22年大阪市出身、兵庫県城崎郡栃中高等小学校卒、同42年大阪の米穀問屋井上伊作商店に入る。大正2年独立して米穀商を開業、昭和2年大阪米穀同業組合評議員、同12年西淀川区米穀小売商組合理事長、昭和23年食糧配給公団大阪府支局賛辞に就任、同26年第一食糧協同組合専務理事、同27年大阪穀物取引所初代理事長、同38年、現職のまま他界。（写真は「大阪穀物取引所四十年史」より）

岡本　安治郎

風雲児・倉沢増吉の命の恩人

野間宏の長編相場小説「さいころの空」の主人公のモデルとされる倉沢増吉。戦後兜町に風雲を呼んだこの男が「命の恩人」と手を合わせるのが岡本安治郎である。

「岡本安治郎は死地を彷徨していた倉沢増吉を蘇生させてくれた。生命の恩人であり、私が今日あるのは実に彼に負うているのです。人を観察する明があり、包容力もある。彼こそ、数少なくなってきた相場勝負師の世界の生きた勝負師といえます。私は株価倍増工作を行っていますが、ふとわれに帰った時、思い出すのはホテル白鷺における励ましの言葉であります」（倉沢増吉著「株に強くなる本」）

「ホテル白鷺」とは相場に失敗した倉沢が紀州白浜海岸を死地に定め、途中大阪天王寺で30有余年来の友、岡本に会った時のホテル。岡本は一目見て倉沢に死相が出ていることを見抜く。岡本は「死ぬつもりだな。つまらない考えはよせ」と叱る。倉沢は岡本の資金提供を受けて相場道に邁進、復活を果たす。

岡本安治郎は奈良県出身、旧制畝傍《うねび》中学（県立畝傍高校）を終えると大阪北浜の株式相場街の人となる。やがて岡安証券、岡安商事を立ち上げる。終戦直後は「焼け電話買います」で大ヒット「電話の岡本」としてにぎわう。

「実に筆まめな人であり、岡安流独特なアイデアマンであり、広告宣伝にかけては業界稀有な存在であった。外交にかけても北浜で五指にあげられ、雄弁家ではないが、熱意ある説得はお手のものであった。……相場の強弱なら相手が腰を上げるまで、いつまでも話し合うというタイプであった。横から聞いていても、相場が趣味、相場が好き、根っからの相場人だとの印象が強い」（富田昭彦著「相場師一代限り」）

罫線研究に没頭したことも

岡本はある時期罫線に夢中になった。全国の迷える罫線屋を大阪上六の自邸に招いて罫線研究に没頭した。東京の柴田秋豊、橋本無双、京都の大原雄三、大阪の松田健次らである。岡本邸はかつて北浜の名物男芝田大吉の邸宅だったものを戦後買い取ったものだ。

それが、岐阜県大垣市在住の相場師大石吉六と出会って「罫線を破りなさい。燃やしてしまいなさい」と言われてから、相場に開眼する。
「相場を当てよう、相場でもうけようとする貪欲な人間本能より、相場に対する心得、相場を通じての人生観、相場哲学なるものを知った。もうけるより損をいかに少なくするか。大難を小難に振り替えるためには何をしなければならないかを知る」（同）
以来、岡本は地場が注目するような派手な手を振るのをやめた。またナンピン売買も良策ではないとし、意地を張っているに過ぎないと悟る。岡本は人に会うごとに「わたしには相場の良き先生がついている。先生であり、友人であり、飲み友だちである」と大石のことをほめたたえた。2人は日曜日にはよく会った。相場師にとって相場の立たない日曜は最大のいこいの時であった。

現物投資に力注ぐ

リスクの大きい先物取引を身上とする岡本が現物（倉荷証券）投資に力を注いだのは昭和30年代のことだ。ところが、昭和36年9月に襲来した第2室戸台風のため、倉庫が水浸しとなり、岡本自身はもとより顧客も思わぬ被害をこうむった。この時岡本は顧客の損害をそっくり自分一人でかぶった。

岡本は「私には一切の責任がある。この負担をわが身に背負う義務がある」と言って損して得を取る作戦に出た。
岡本が創業した岡安証券、岡安商事は風雪に耐え、孫の岡本安明の時代に入った。安明は店の経営の一方で、大阪堂島商品取引所理事長としてアゲインストの商品先物業界の西のリーダーとして闘う。

信条

・人を愛し人を利する者は天必ずこれを福す
・共客共耀（お客と共に相場でもうけて栄える）
・一生懸命、相場を研究し、相場を判断、その結論を顧客にアドバイス

【おかもと　やすじろう　生年不詳～1964】
奈良県御所市生まれ、旧制畝傍中学から大阪北浜の株取引員、新井商店に入り、外務員となり、第2次大戦の終戦直前に岡安証券を立ち上げる。終戦後は電話の所有権売買、のちには電話債券の売買で産を成す。長男昭は関西の商品先物業者のまとめ役を務め、孫の安明は大阪堂島商品取引所理事長としてコメの本上場に取り組む。（写真は岡安商事提供）

岡本 昭

日本一の電話屋は体育会系

父岡本安治郎は相場師として辣腕をふるったが、その長男岡本昭は相場師肌とは縁遠く、手堅く手数料を稼ぐタイプである。日本体育大学でバレーボールの選手として活躍したのち、大阪の府立高等学校の教員をしながら相場界に入った変わり種だが、業務見習として場立ちをやっていた。少し相場で分かってくると、「こんな株、なにほどのことやある」と思ってついカラ売りをしたためにひどい目にあった苦い経験がある。

この時、岡本はつくづく思った。相場・思惑ほど引き合わないものはないと。以来、立会場から退いて電話ブローカーとなり毎日スクーターに乗って飛び回る。そのころ経済雑誌「財界」が「北浜のサムライ達」と題し、岡本を俎上に乗せる。

「電話1本の権利が20万円も、25万円もした時なのだから1本売る約束をしたら1割の口銭をもらっても2万円も、2万5000円もの報酬を受けた。多い時は1

日に10本もの電話申し込みと売買あっせんの口銭を得たのだからすごい景気である。まかり間違ったら損をして赤字になる懸念の株屋商売と違って電話屋ならもうけて進むことはあっても、絶対に後退することはない。とこう考えたらしい。男っぷりはいいし、客先では愛想はいい、キビキビした彼の外交術に対して得意先は非常に岡本を信頼するようになった」(昭和30年7月15日号)

電話は昭和28年をピークに漸落

当時の岡安証券では父安治郎が会長で証券部を担当し、昭社長はもっぱら電話売買で、この世界ではいつの間にかナンバーワンにのし上がっていた。岡安の業績としても本業の証券よりも電話の方がはるかに大きいという時代もあった。

しかし、電話の相場も昭和28年ころを境にして漸落の傾向を強める。かつては電話1本は財産であり、大阪市内だと20万円以上もしたが、6～7万円に落ちてくる。手数料収入も当然減る。岡安の電話商売も方向転換を迫られる。そんな時、岡本は電話公債に目をつける。

「電話架設の際に政府から強制的に買わされる6万円の電話公債の売買口銭がつけ目というわけで、それには有価証券業を兼営している岡安はすこぶる便利がいい。

岡安証券は電話公債の取り扱いではまず日本一ということになる」（同）
「日本一の電話屋」と称される岡本だが、電話でのボロもうけの時代は終わったことを肌で感じていた。この商売の将来性には見切りをつけたようで、再び証券業の勉強をするようになる。山卯証券の山内旦社長、須々木証券の須々木敏郎社長ら二世クラスによるジュニア倶楽部に属し、業界の改革を模索する。

堂島副理事長から横綱審議委員も

岡安証券が当時の北浜の中で異彩を放つのは、証券業のかたわら電話ブローカー、金融業、商品先物業を兼ねている点だが、商品先物業は岡安商事として独立、持ち前の豊富な資金力で同業者を次々と傘下に収め、シェアを高めていく。いつの間にか関西地区の商品先物業者のボス的存在となり、平成20年には関西商品取引所（現大阪堂島商品取引所）の副理事長に就任、厳冬期を迎えた商品先物業界の西のリーダーに推される。

いま社業は長男安明に任せ、悠々たる日々。随分前のことだが、岡本社長を訪ねた時、ピカソなど名画の数々が無造作に放置されていたのが思い出される。余り相場の話は聞けなかった。安明がポツリと語った。「博才は隔世遺伝するらしいですね」。相場師岡本安治郎の血は昭を飛び越えて安明に引き継がれているということだろうか。

信条

・もうかるか、もうからんか分からん株式思惑より絶対もうかる電話の売買がよほどましだ
・北浜の二世会でも岡本は将来に多く期待のかけられる有望な若サムライ（財界）

【おかもと　あきら　1927～現在】
昭和2年大阪府出身、同22年日本体育大卒、父岡本安治郎が経営する岡安証券に入社、代表取締役に就任、同35年大阪証券業協会理事、同43年商品取引の岡安商事社長に就任、平成17年近畿商取会会長、同18年大阪商工会議所金融部会長、同20年関西商品取引所副理事長、同21年退任、長男安明が同取引所副理事長を経て、理事長に就任。大相撲の横綱審議委員を務める。（写真は委託者保護会員制法人日本商品委託者保護基金編「補償基金三十年史」より）

小田　萬蔵

青年生糸王、神戸生糸の初代理事長

大正から昭和にかけて青年生糸王と呼ばれた男がいる。神戸を本拠に生糸取引で縦横に活躍した小田萬蔵がその人。昭和9年刊「昭和当り屋列伝」が横顔をとらえている。

「彼は横浜に出て相場を試み、スッテンテンになったが、大震災後の相場で一挙に300万円をもうけ、旭シルクを設立、以来生糸貿易にのして出て、今日では対米生糸商売の5分の1、十万俵は旭シルクで取り扱うほどの発展振りだ」

小田萬蔵は大阪の名門四条畷中学時代は特待生で通し授業料をほとんど払わずじまいで神戸高商（神戸大学）に進む。

「在学中は剣道を得意とした。小柄ながらシナイさばきが鋭く、剣道部の連中は〃小田のスズメ刺し〃と恐れた。シナイを構えるやいなや、〃突き〃で一気に攻める早業。勘と運。後に素早い決断を要求される相場で大成したのも、この機敏さだろうか」（神戸新聞社編「海鳴りやまず」）

神戸高商を首席で卒業すると、久原房之助の久原鉱業に入る。久原は小田の才覚を見抜き傘下の久原商事蚕糸部に配属し、欧州における生糸取引の中枢都市リヨンに駐在する。帰国後横浜の松文商店に転籍する。その小田が「神戸財界開拓者伝」（赤松啓介著）に名をつらねるのには訳がある。

大震災後の生糸で巨利

小田は大正12年9月1日を境に横浜を捨て神戸の人となったのだ。関東大震災で壊滅的な打撃を被った横浜ではもはや商売にならないと、神戸に駆け付けた。「9月14日、まず小田が来神し、商船ビル四階に松文商店神戸支店の看板を出した。地方を回って生糸を買いあさり、機敏に商機をつかんだ。こんな好機は人生に一度あるか、ないかであるが、その機会を確実につかむだけの度胸と商才が大成功をもたらした」（「神戸財界開拓者伝」）

横浜市場全滅の報でニューヨーク生糸相場は急騰に次ぐ急騰を演じる。アメリカ最大の生糸輸入業者E・ジャーリー社は「いくらでも送れ」と矢の催促、小田のもうけは膨れ上がる。

関東大震災に際しては大勢の横浜商人が神戸に押し寄せるが、横浜の復興とともに〝帰浜〟した。横浜財界のドン、原富太郎の名で、帰浜催促が叫ばれるが、小田は頑として応じず、松文から独立して旭シルクを創設、神戸に骨を埋める覚悟である。

小田たちの活躍で、神戸生糸取引所が開設され、横浜と二大市場を形成していく。「神戸生糸市場十年史」は「もし旭シルクなかりせば市場今日の隆盛は見られざりし処にして、神戸市場人として、また日本蚕糸貿易史上永久に忘るる能わざる処」と称賛する。

旭日昇天の小田がつまづく。昭和7年、政府が不況対策として保管していた生糸10万7830俵を小田が1俵455円で全量買取ることが発表され、衝撃が走る。600円台の市場価格からみてあまりにも安い売却価格に小田の政治工作説や黒い噂が流れ、相場は落勢を速め、400円台を割り込む。

売買契約を破棄、傷残す

小田はすでに9520俵の生糸の受け渡しは終わっていたが、あまりの糸価暴落に残りの契約分はキャンセルするといい出し、また世間を驚かせた。斉藤実首相は

「売買双方の合意により契約を解消する」と発表、残る生糸の売却は糸価に影響しない方法で行うと閣議決定、以後糸価は立ち直る。

この不始末で小田は35万円の保証金を没収された。地元の伝記作家は「生糸相場は投機としても荒かったから、そのくらいの度胸がないと、とても生き残れなかっただろう」と小田をかばうが、契約破棄は「ショウベン」と申し、商人として最も恥ずべき行為である。小田の長い相場人生で消したくても消えない傷として残る。

昭和26年、神戸生糸取引所が創設されると、初代理事長に就任する。

信条

・相場師といえば山師を連想するが、小田は合理性を持ち合わせていた
・絹そのものが他の相場商品とひと味違って上質だったから紳士的でなければつとまらなかった
・刃物を持った男がおどしをかけたが、小田は少しも騒がず、一喝して追い返した（「海鳴りやまず」）

【おだ　まんぞう　1895～1961】
明治28年、大阪府北河内郡住道村（現大東市住道）生まれ、四条畷中学から神

戸高商（神戸大学）に進み、大正5年卒業と同時に久原鉱業に入る。傘下の久原商事蚕糸部に配属、リヨン出張所主任ののち松文商店に移籍、関東大震災後の糸価暴騰で巨利、神戸で旭シルクを創業、昭和26年神戸生糸取引所の初代理事長、翌年退任、社業に専念する。（写真は「神戸生絲取引所十五年史」より）

佐伯 義明

50歳からもうけ出す

佐伯義明は商品先物の全盛期に関門商品取引所の理事長を務め、商品取引員山佐商事のオーナーとしても羽振りを利かした。同時に相場をこよなく愛し、みずから経営する山佐商事の顧客向け相場情報雑誌に「思惑」というタイトルをつけていたのは佐伯の反骨心の表れでもある。

当時、商品先物業界でも「投機」から「投資」へという流れが出ていたが、あえて「思惑」とつけるのだから同業者からひんしゅくを買った。かつて大阪証券取引所理事長を務めた巽悟朗が自社の社史を「投機」と題した件が思い出される。

昭和42年といえば小豆相場の人気で日本橋蛎殻町が沸き立っていたが、佐伯と相場師兼業作家の沙羅双樹が雑誌「投資ルック」で対談した。その一節――。

決断が速く、欲張らない

沙羅「ズバリ『思惑』というタイトルには驚きました。相場師とか投機とかいう言葉は株や商品では極力避けているような傾向なんですね。商品の場合など、投資が6分、投機が4分くらいでしょうか」

佐伯「私は逆の4分、6分だと思いますね。タイトルを『思惑』としたのは、多分に私の同業者に対する抵抗なんです。余りにゴマカシ的ではないかという……」

佐伯が相場を語り出したら止まらない。

佐伯「相場で勝てる要素は、ものにこだわらない、決断が速い、欲張らない、あるいはあきらめが早いなどいろいろあります。その逆をいうと、しみったれ根性、ぐちっぽい、人のことはどうでもいいという欲深い面ですね。だから相場がもうけに終わることのためには、プラスの面がマイナスの面より多い人でないといけない」

長い間、相場とともに生きてきた佐伯だが、若い時はしばしば苦渋をなめ、50歳を過ぎるころから、プラス面がマイナス面を上回るようになった。

佐伯「余裕がない時、これが最後の金だとなると理性の上ではダメだと分かっていても、感情の上でいうことをきかなくなり、引かされ玉にしがみつくことになる。私も若い時、イヤというほど経験しました。もうけるようになったのは、50歳過ぎてからで、正確な判断や行動が取れるようになったんじゃないかと思います」

場立ちからたたき上げ、関門取引所理事長

佐伯の相場歴は長い。26歳の時、株の短期清算取引から相場界に入る。場立ちからたたき上げ、獅子文六「大番」のギューちゃんの世界をつぶさに体験する。店の者、みんな相場を張っていた時代である。中国大陸で株の清算取引（先物取引）に親しんだが、終戦。シベリアに2年抑留されて昭和22年に帰国、短期清算取引の復活を期待していた佐伯は「アメリカ式の信用取引では我々の生きる余地はない」と落胆の日々。

昭和30年にはとことんやられ丸裸になる。この時、広島の山の上にあるお寺にこもって修行した。ほどなく商品取引所が相次いで復活する中、豊商事の取締役支配人となる。そのあと、独立して山佐商事の社長に就任する。佐伯は「性格上、ナンピンはやれない。利乗せはやります。小豆相場で1000円以下の利食いはしたことがない」と豪語する奔放なタイプ。「新値好き」の佐伯は新高値が出れば買い、新安値が出れば売る、今日でいうトレンドフォロー型の相場師である。

佐伯は言う。

「相場は済んでしまったら簡単なことですよ。ただ、その道中たるや、いろいろ

ありますね。それだけ面白いんですよ」
佐伯は根っから相場が好きだった。

信条

・相場は道中が面白い
・素人と玄人の違いは利食いの幅で決まる（素人は小幅、玄人は大幅）
・新値が好きだ。新高値を買い、新安値を売る
・済んだことは仕方ないとあきらめる

【さえき　よしあき　1905〜没年不詳】
明治38年愛媛県出身、松山商業学校（松山商業高校）卒、丸伝証券、芳賀米穀を経て昭和31年豊商事支配人、同36年独立して商品仲買人山佐商事を設立、社長に就任、一時は全国トップクラスの売買高を誇った。同45年関門商品取引所理事長に就任、1年で辞任するが、同49年再任、同53年まで務めた。（写真は経済ルック社提供）

鈴木　恭治

生糸相場でもうけ、製糖会社作る

天性の相場師鈴木恭治にとって最大のピンチは昭和34年12月のことだ。経済誌が「黒糖騒動始末記」と題し、こう報じた。

「1959年もあとひと月でフィナーレという12月に入るなり、大阪では時ならぬ黒糖騒動が持ち上がった。舞台は大阪砂糖取引所。登場人物は製糖界の怪物、大阪製糖社長の鈴木恭治と右翼の大物、元衆議院議員笹川良一。師走の大阪経済界の活題をかっさらってしまった」（財界・新春特別号）

12月1日に3010円（当限、30キロ）だった沖縄産黒糖相場が急上昇を始め、ストップ高を混じえながら14日には4440円まで高騰、翌15日には4990円と空前の高値を付ける。これより早く、取引所は売買規制を強化し、高値抑制に動く。この時の取り組み関係は岡藤商事、西田三郎商店など場違い筋（一般投資家）が買い方、糖商が売り方。このままだと糖商数社の破綻が必至である。この時、売り方でもあり取引所理事長でもある鈴木は対応に苦慮していた。その矢先、買い方の黒幕が覆面を脱いだ。笹川良一の登場である。

黒糖の仕手戦、笹川と解合う

昭和34年12月15日、朝、笹川は大阪に着くなり鈴木を訪ねた。

笹川「客を守るのが取引所の務めじゃないですか、相場に負けた時は払い、勝った時に金はくれないのではスジ道が立たない」

この年、10月から11月にかけ、買い方として大きな損失を負っていた笹川にはチャンス到来、負けを取り戻すのはこの時とばかり攻め立てていた最中、売買規制で動きが取れない。

鈴木「独断的な運営は全然やっていない。紛争がこじれたのは残念だが、理事会の決定を変える意思はない。取引所としては、商品価格を無視した運営はできないのだ」

一触即発の危機に陥ったが、笹川が「任侠の男笹川が勝ち戦に乗じて売り方に恨みを残したくない」と大きなところをみせ、４５００円で解け合って一件落着した。売り方糖商は大敗を喫したが、鈴木にとっては大事な仲間であり、取引先でもある。

「糖商救済に多額の自腹を切って収めた」とはもっぱらの評判、この一件で鈴木は株を上げた。

鈴木の相場好きは有名で、第2次大戦中、砂糖取引所が閉鎖になると、畑違いの生糸相場を張って大もうけした。その時のもうけで大阪糖業所を設立、これが後の大阪製糖となる。また自伝のタイトルを「私の相場人生」にすると強く主張したともいわれる。

鈴木は精糖工業会の初代会長を辞める際、記念品として横山大観の絵を贈られた。この絵を証拠金にして相場を張った件はあまり知られていない。

「鈴木氏が業界の表舞台を去って一時失意の時、相場を張るにも手元不如意とあってこの大観の絵を証拠金にと外務員に見せた。外務員はそれを預かり、後日、1500万円で預からせてもらいますとの返事、それで相場を張った」(藤本清高編「浪華の砂糖の物語」)

死ぬ時は裸で死んで本望

また、かつての部下が定年退職のあいさつにきた時、鈴木から「退職金で相場を張って頭の体操をして頑張れ」と発破をかけられてほうほうの体で逃げ帰ったという。

大阪製糖社長時代の昭和38年、海外粗糖相場が暴騰した時は、鈴木は大相場に発展していくとみて買いに入るが、そこが天井となって奈落の底に落ち込んでしまう。この時の打撃が大阪製糖の弱体化の一因となり、芝浦精糖、横浜精糖と3社合併して三井製糖となり、鈴木は表舞台を去る。

希代の快男児鈴木恭治らしいエピソードがある。出張先の下関の駅のホームで転倒して足の骨を折り入院した時のことだ。鈴木の全盛期のことで、取引先の特約店が多い。

「下関のデパートや果物屋では一斉に注文が殺到したので果物はあってもその金額に見合うかごがない。かごの手配ができ次第、病院にお届けしますとの返事。一体どなたが入院されたのですか、とうわさになったとか。この時も代理店の社員は毎日、相場を連絡するために病院通いで大変だったとのこと」（同）

鈴木が没して今年で33年になる。

信条

・死ぬ時は裸で死んで本望だ

・大阪糖界のドンであった。その太っ腹で多くの糖界人が色々な面で世

話になり助けられている
・賭け事では負けると倍々に張っていく大きな張り方の人（「浪華の砂糖の物語」）

【すずき　きょうじ　1900〜1985】

明治33年静岡県出身、大正5年豊橋の大手砂糖問屋福谷商店に入る。大阪支店を開設すると同時に大阪支店長となる。昭和23年大阪製糖を創設、社長に就任、製糖工業会初代会長を務めた。同27年大阪砂糖取引所設立、理事となり、同31年第2代理事長、同42年第5代理事長（通算19年間理事長）。大阪商工会議所議員。

（写真は「大阪砂糖取引所30年史」より）

多々良 松郎

危機一髪で助かる

商品先物取引の大手、豊商事の創業者多々良松郎は昭和初め、旧制中学を卒業後家業の農業を手伝っていたが、昭和8年相場の世界に身を投じた。東新（あずましん、東京株式取引所新株）花やかなころで振り出しは広島の地場証券だが、大陸での夢を果たすべく満州に渡り、戦後は広島、福岡で証券営業に従事する。それが、昭和34年商品先物の業界に転じたのにはわけがある。

戦前からの株の仲間である佐伯義明（のち関門商品取引所理事長）と多々良は戦後引き揚げてきてからは広島証券界の重鎮、吉池芳太郎のもとで一緒に働いていた。

天才的外交手腕

「佐伯は事務方、多々良は持ち前の天才的ともいうべき外交手腕で大いに業績を上げる。昭和24年の不況期も乗り切り、続く朝鮮動乱による好況期には吉池証券も急成長するが、成長とともに吉池が身内を中心とする〝守り〟の経営に傾斜していったので、生来、豪放で型にはまらないタイプの多々良は、同族経営による息苦しさに限界を感じ始める。そこへ佐伯から相談を持ち掛けられ、2人で吉池証券に別れを告げ、福岡の証券業界へ転身する」（豊商事六十年の歩み）

福岡へやってきた2人はしばらくは順調だったが、昭和28年3月、ソ連のスターリン首相死去による株価暴落で苦境に陥る。紆余曲折ののち、当時勃興期にあった商品先物取引に着目する。

先物取引は戦前の株式市場で主流を占めていただけに2人にとっては自家薬膳中のもので、転身というよりは里帰りのような感じで、商品先物業界に名乗り出る。多々良の発案で「みんなが豊かになるべきだ」と豊商事が誕生、多々良が社長、佐伯が支配人に就任する。

初めは大阪穀物取引所の仲買人と業務提携して請負店（一種の取次店）としてスタートするが、親店が倒産してしまう。そこでさびれ切っていたある関門商品取引所の仲買人の権利を取得、「豊商事自身の手振り」による取引が始まる。

みずからスクーターでセールス

関門市場進出で、独立の仲買人経営に乗り出した豊商事は多々良松郎と佐伯義明の両雄が二手に分かれ、多々良が福岡市の本店に常駐して全体の経営を統括し、佐伯は関門取引所のすぐ近くに開設した下関営業所に常駐して〝市場づくり〟に精根を傾けた。

社長みずからスクーターに乗ってセールスに駆け回った。

「戦後商取界100人」（藤野洵著）は多々良についてこう評している。

「人間的にはスケールが大きく、自由奔放で、あまりにも行動とか思想の振幅が大き過ぎるために余人には理解し難い面があるが、企業経営者として、社会的な連帯感と責任感をひと一倍強く持つ高い精神はやはり一級品であろう」

多々良の武勇伝の中ではずせないのは昭和36年、東京に進出、東京豊商事を創設し、事実上の経営を川崎正蔵と谷口好雄に任せた直後のこと。小豆相場で売り方に陣取るが暴騰に次ぐ暴騰でピンチに陥る。

日々取引所に支払う差損金にも窮し、川崎・谷口は福岡に飛び多々良の判断を仰ぐ。この時、多々良は「私はあんたに任せた。あんたと運命を共にするよ」と端然と答え、2人は売り方針を貫くことにした。その直後に相場は下げに転じた。危機一髪のところで命拾いした。社運を賭けた大勝負について後年、多々良はこう述べている。

「あと2日高値が続いたら資金難から豊商事は東京、九州とも倒産していた。あんな大きな勝負が一生に一度でいい。個人の相場師ならともかく、多くの社員を抱えた経営者としては絶対やるべきではない」

この一戦ののち、多々良の相棒だった佐伯は独立、山佐商事を創業する。どちらかが倒れても再起できるとの読みからである。

信条

・信念を貫け、中途半端はダメ
・義理は絶対に欠くな
・親や女房、子供を粗末にしたら承知せんぞ
・人間は通り一遍のお世辞や説教で動くものではない。心服させ、好かれ、惚れさせねばダメ

【たたら　まつろう　1910〜1993】
明治43年島根県川本町出身、昭和2年旧制浜田中学を卒業、同8年広島の証券会社・入江商会に入社、一時満州に渡り、軍務に服し、敗戦で抑留され、同21年

復員、同22年広島時代の先輩、吉池芳太郎が経営する吉池証券に入り、同28年大藤証券に移り、同31年芳賀米穀、同32年豊商事を創立、社長に就任、大阪穀物取引所の仲買人と業務提携、同33年関門商品取引所の仲買人となり、同34年同取引所理事に就任。九州穀取会会長、同36年東京に進出。同40年会長に就任、川崎正蔵が第2代社長に就任、同44年川崎社長が辞任、甥の多々良義成が第3代社長に就任、同48年松郎は相談役、同52年社主。平成2年義成が会長、多々良實夫が第4代社長、同5年松郎没。（写真は「豊商事六十年の歩み」より）

中井　幸太郎

日曜日も朝から罫線にらむ

マスコミ嫌いの中井幸太郎が経済誌「財界」のシリーズ「北浜のサムライたち」に登場するのは昭和30年7月のことだ。当時中井は絵野証券社長として頭角を現していた。

「一向に無趣味な人である。ただ一つ熱心なものがある。それは相場だ。大井証券の大井治社長が働き虫のように全国の各支店出張所を駆け回る熱心さと、中井幸太郎が日曜日もずっと朝から罫線ばかり眺めて相場を考えている熱心さとは、形こそ違うが実に対照的である。どちらも仕事の上での熱心さにおいては感心なものである」

中井幸太郎は兵庫県西宮市甲子園口（一説には奈良県北葛城）で生まれ、奈良で育った。昭和5年27歳の時、大阪で質屋を開業する。質屋を始めるには相当の資金を要するはずだが、どのような方法で開業資金をこしらえたかは不明である。質屋開業から4年たつと北浜に駒を進め、株式仲買業に乗り出す。仲買業といってもお客を取るのではなく、もっぱら中井みずからの手張りの店だったらしい。中井を知る人の話では「ひたすら相場が好きで北浜のお客に過ぎなかった」との話も残っており、いわゆる〝客外交〟（株式売買の顧客でありながら営業活動も行う人）のような〝半玄人筋〟であったとみるのが妥当だろう。

第2次大戦後、大阪の絵野証券の客外交を務めていた中井だが、いつの間にか絵野証券社長になる。これは珍しいことではない。客外交で達者な人が大もうけして店の経営を引き受けるケースで、小林洋行の客外交から同社を買収してオーナーになった細金雅章がそのケースだ。

中井も相場で相当当て、一夜にして社長に早替わりしたのだった。昭和23年、証券取引所が再開する前のことで、集団取引の時代である。

以来、研究熱心な中井は順調に成果を上げ、折からの株式ブームでいつしか「北浜のサムライ」の仲間入りする。サムライといっても中井には豪傑伝説はなに一つない。酒も飲まなければ、タバコも吸わない、碁将棋、マージャン、花札、なに一つ知らない。競輪、競馬はのぞいたこともない。女性関係も没交渉で、相場以外はなに一つ知らないという堅物である。

「北浜のサムライ」中井繊維を創設

「あれだけ相場で当て、株でも、人絹でも、穀物でももうけた中井幸太郎に、そんなはずはなかろう……などというのは、やはり凡人の考えで、中井という人はちょっとその辺にザラにみる平凡人とは、ケタの外れた変わり種なのである。いくらもうけても底の抜けたバケツのように、ダダもりではなんにもならない。もうける尻から抜けていくようではむしろ同じことで、証券界には得てしてそういう人が多いが、中井はそうではない」（「財界」）

相場熱心で商売上手ときているから、資産は膨らむ一方である。証券会社の社長でありながら派手さがどこにもなく、業界の会合などもほとんど顔を出さない。やがて絵野証券を中井証券と改めるとともに、商品先物取引の中井繊維を立ち上げる。そのころのことだ。

中井繊維の若い客外交、榊原秀雄が中井の車（キャデラック）に同乗して、大阪見物に繰り出す。中井の胸ポケットは証券や札束ではち切れんばかりに膨れ上がっているのを榊原は見逃さなかった。「中井さんのようになりたい」――榊原は心中そう願ったという。榊原は後年、商品先物最大手のエース交易（エボリューション・

ジャパンから豊商事へ合流）の社長、会長を務める。前出の経済誌が書いている。

証券・商品分離で大穀理事長

「中井は一面に神戸のイゲタ村上辰雄的な豪胆さを持ち、また一面に大井治ほどの熱心さがある。絵野証券から出る大きな売買注文の中には、大勢の大手筋があるからどれだけが中井社長の思惑だか、それは分からないが、中井こそは当代北浜での一方の闘士と言えよう」

中井の店では社員、外交員、女子事務員も比較的永く勤務する。これは中井の性格がおおらかでこせこせしたことは一切言わないためで、働きやすい職場だから。証券・商品の経営分離の時代に入って中井は商品の方に軸足を移す。

「静岡筋」こと栗田嘉記が生糸相場で失敗して行き詰まった時、最大の債権者だった中井が「栗田を殺すな」と男気を発揮し、一命を取り止めた話は商品先物業界の美談として語り継がれる。昭和48年に大阪穀物取引所理事長に就任、同52年まで務めた。

信条

・ひたすら相場が好きだった

・素人のつつましい経営方針が株式ブームの波に乗ったため、順風に帆を上げる好調をみた
・業界の会合にはほとんど顔を出さない
・口数の少ない口不調法だが、至って好人物である（「財界」）

【なかい　こうたろう　1903～没年不詳】
明治36年、兵庫県西宮市出身、大正9年奈良県立郡山中学3年中退、昭和5年大阪市中津で質屋を開業、同9年北浜で有価証券売買業を開業、同13年応召のため廃業、同15年北浜の大神証券に入る。同22年絵野証券入社、同23年社長に就任、商号を中井証券に改め、同26年商品先物取引の中井繊維を設立、社長就任、同39年大阪穀物取引員協会長、同48年大阪穀物取引所理事長、同52年退任。（写真は「大阪穀物取引所四十年史」より）

西田　三郎

曲がり屋の父に向かった日も

作家の沙羅双樹が西田三郎の伝記を書くのは昭和37年のこと。当時西田は大阪穀物取引所の仲買人協会会長で、翌年同取引所の第2代理事長に就任する。沙羅は書いている。

「投機界の歴戦の士で、現在は西田三郎商店と万富証券の社長を兼ねているが、関西、四国、九州、北海道に37カ所の支店、出張所を持っている。大成することの困難な投機界で、大小幾多の闘いを経て、いま穀物、商品界での売買高も随一というのは、正に勝者である。一見華奢で、近頃枯淡の色を加えてきた氏ではあるが、その体内に流れているのは野武士の血である」(「勝者の記録」)

相場好きの血統

沙羅が西田を野武士に見立てたのは、西田家の先祖が岐阜県南部の赤坂の出身で、ルーツは熊坂長範の一族だと聞かされたからだ。熊坂長範とは平安末期の大盗賊で、奥州に赴く「金売り吉次」を赤坂の宿に襲い、牛若丸に討たれたという伝説の人物。西田は物腰は柔らかいが、闘争心では人に負けていない。猛者揃いの大阪の商品先物界を束ねて10年間も理事長の椅子に座ったのは、タダものではない証である。やはり野武士の血を引いているのであろう。

西田家は石灰業で財を成した。祖父藤五郎は米相場をよくやっていた。父友三郎も相場が好きで、岐阜市内に両替商を開業するほどだった。そして三郎も小さいころから相場に手を出すが、祖父はとがめるようなことはしなかった。それどころか、「西田家の相場好きは血統だ」といって笑い飛ばしていたという。

父はやがて相場につまずき、両替店をたたみ、京都に出て米屋を始める。

「三郎にとっては学問よりも商売の方がおもしろかった。青い顔して机にかじりついているよりも、父と一緒に米穀の買い付けに地方へ回ったり、大阪堂島の米市場へ出入りしている方が、はるかに生き甲斐があり、楽しかった」(同)

欧州大戦のころは、父と一緒になって相場に没頭した。父の負けが込んでくると、父に向かって売買するようになる。父が買えば、三郎は売り、父が売れば三郎は買った。「当たり屋には付け、曲がり屋には向かえという格言がある。当たり屋には付かんでも曲がり屋に向かうのは定石や」と、公然と父子対決した。

「オヤジには悪いけど、相場というものは非情やかなら。ぼくが取らんでも誰かが取るのや」――三郎はそう割り切って向かっていった。当時は北浜、堂島の全盛期で石井定七や八馬兼介といった剛の者がのし歩いていた。

関東大震災で九死に一生

大正12年夏、三郎は当時人気の新東、新鐘を売り越して悪戦苦闘していた時、関東大地震の発生で暴落、窮地を脱するばかりか、今の金で数千万円もうける。やがて北浜の広田敬次郎商店で株のセールスに従事、1カ月で1足靴をはきつぶし、広田商店のトップセールスマンになる。

第2次大戦後、北浜で万富証券を旗揚げする。縁起のいい店名の由来について、「大阪駅で買った鉄道地図から取ってつけました。岡山に万富という町があるのを見つけ、これだと思いました」と語っている。株と商品をまたにかけて西田の快進撃が始まる。昭和34年には史上空前といわれた黒糖の大仕手戦にも買い方陣営に加わって勇名を馳せた。

このころが西田の絶頂期だった。北浜の名物でもあった赤れんが造りの西田の居城には浪花の投機師の心意気が漂っていた。そして一気に時間は飛ぶ。

平成13年2月17日付日本経済新聞夕刊（大阪版）は「北浜株屋街の面影を残す明治の建築物、旧西田三郎商店」の写真とともに旧西田商店が取り壊しの危機に瀕していると、次のように報じた。

「このビルは、株を扱う島商会の社屋として明治43年12月に完成、戦後、同業の西田三郎商店の所有に移った。ネオ・ルネッサンスという欧風の3階建てで、外壁はれんが造り、1階の基礎は花こう岩。内部も天井や手すり、柱などがトスカーナ風と呼ばれる曲線主体の彫り模様で……」

記事中に「島商会」とあるのは島徳蔵が経営する株式仲買店のこと。当時島は大阪株式取引所の理事長として大阪財界で羽振りを利かしてした。

三郎の後を跡いだ長男主税、次男主計と3代続いたところで、西田の名は途絶えた。明治時代の著名な建築家、船越欽哉の作品といわれた西田三郎商店のビルも今はない。

信条

- 相場は人間作りの一つの手段です
- 相場である以上、有為転変は当然で、それを切り抜け、目的を達成す

ることが必要

・途中で挫折したものが敗者であり、百折不撓の勇猛心をもって目的を達成したものが勝者である

・曲がり屋に向かえ

【にしだ　さぶろう　1898～没年不詳】

明治32年岐阜県出身、父友三郎は両替商を営んでいたので小さい時から相場に親しむ。大正12年夏、新東、新鐘を大量にカラ売りし苦戦していた時、関東大地震の発生で暴落、巨利を得た。北浜の広田敬次郎商店に入り、株のセールスに奔走、取締役となる。第2次大戦後、万富証券を開業、昭和27年商品取引の西田三郎商店を創設、同38年大阪穀物取引所第2代理事長に就任。（写真は「大阪穀物取引所四十年史」より）

西山 九二三

戦後三品市場の風雲児

京都紫野の大徳寺住職・立花大亀が西山九二三と対談したのは昭和29年のことだ。当時、西山は相場師として大阪三品市場のほか、株や穀物市場でも派手に立ち回り、西山旋風が吹きまくっていた。同時に古美術市場でも買い大手で、骨董品の収集に熱が入っていた。

立花「いろいろ道具を集められているということでお聞きしたいのですが――」

西山「私が集め始めた動機は伊藤忠兵衛さん（2代目）なんですよ。郷里の先輩で、14歳で大阪に丁稚に出て来た時からの取引先です。忠兵衛さんには『金で持っているとすぐになくなるから物を買っておけ』と言われております。忠兵衛さん自身が大正9年のパニックの時に伊藤忠商事が非常な痛手を受け、茶わんなどを処分して窮場をつないだということが実際にあったんです」

対談の後で大亀和尚が述べている。しゃべることでは人に負けない和尚だが、立

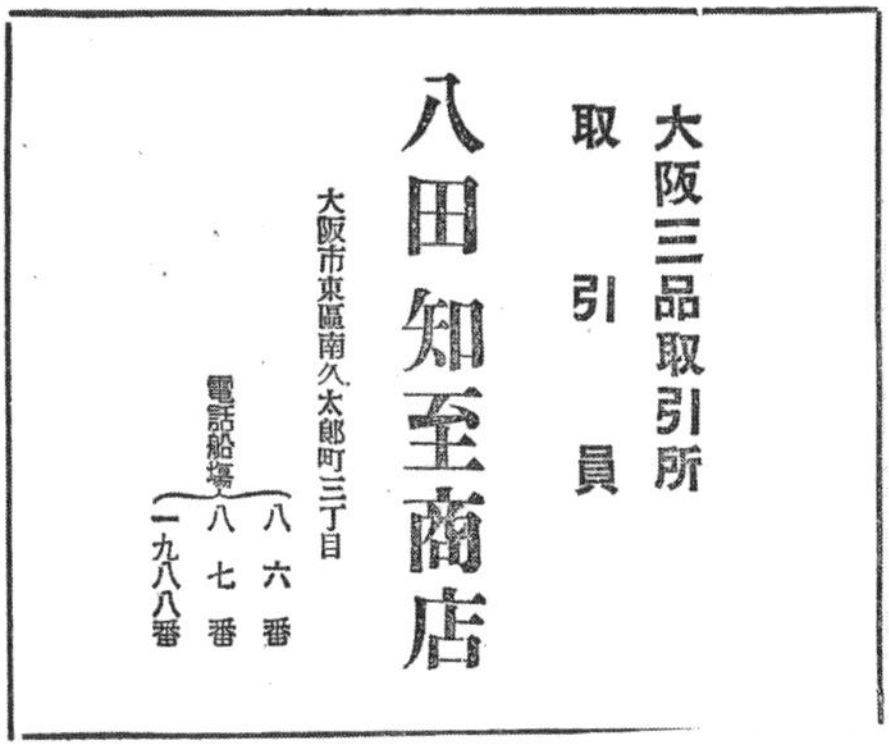

西山が20年以上勤務した八田知至商店の広告

て板に水の西山の前には口をはさむ余地はなかったという。

立花「西江州から出てきて、とうとうここまで仕上げられたから相当なサムライである。それに私を喜ばせたのは、この人、ある会社のトラブルがあった時、資産と信用を捧げてある人のために尽くしたことである」

西山九二三は明治37年、近江商人のふるさと滋賀県高島郡に生まれて、14歳で大阪に出て、同郷の先輩八田知至が営む大阪三品取引所の仲買店に入る。ここで20年余にわたり繊維相場の修業を積む。

西山が「八田の十一文」という異称をもらうのは、足が大きかったためだ。足が大きいだけではなく、相場の張りっぷりも大胆でしばしば〝西山相場〟を現出する。西山を仕込んだ八田知至は、ひと癖もふた癖もある人間の集まりである相場社会では例外的な「温雅淳良」の人柄で知られる。

陰徳あれば陽報あり

「道徳堅固な坊さんか、老いたる学校の先生か、とても激しい相場の世界に生きる人とは思われない温良さで、人を押しのけるような競争もせぬ代わり、人から押し倒されず、生存権をおびやかされず、明治38年以来、順調に店を経営して来て、今日の大を成したことは、異数であり、驚異であらねばならぬ」(大阪今日新聞社編「市場の人」)

西山は性格豪放、頭脳緻密というのがもっぱらの地場評だが、八田のもとで培われたものであるのは確かだ。昭和13年に独立して綿糸布商西山商店を設立するが、ほどなく戦時統制経済に入り、同17年には大阪三品取引所も閉鎖になり、相場の腕を振るう余地はなくなった。西山は朝鮮に渡り、百貨店ニシヤマを経営するが、第2次大戦終結とともに大阪に引き揚げる。その際100個の荷物を内地に送るが、ただの1個も紛失することなかった。

「これというのも、氏の人間性が朝鮮の人たちにも反映し、その恩義に対する感謝の気持ちが、この荷物の完全到着となって現われたのである。まさに『陰徳あれば陽報あり』である」(中村太蔵著「昔の三品時代」)

株や小豆を張ったことも

繊維販売に力を注ぐと同時に三品取引所の綿糸相場でも大きな戦果を上げる。さらに株にも手を伸ばし、一時は高木証券の経営に乗り出したほど。当時人気の小豆相場でも〝西山相場〟が演じられた。昭和30年ころが西山の相場師としての絶頂期であった。

その後は近藤紡績所の近藤信男社長に見込まれて繊維仲買、多田商事の経営を引受けるが、冴えていた相場勘もいつしか衰えてくるのは致し方あるまい。ただ、前出の中村太蔵が書いている。

「相場のカンはまだまだ衰えをみせない。出来値を書いた店内の黒板を眺める西山氏の姿には昔の面影が残っている。……三品市場には非情、冷酷な相場の世界に生きる人とは思えない情があり、温みのある人もまた多かった」

その代表に西山を挙げているが、次第に西山の名は三品市場から消えていく。西山自身が「仲買の平均寿命は3年8カ月」と言っていたが、西山の全盛期も4年くらいで終わる。西山がこつこつと集めた銘品たちはその後、どんな運命をたどったのだろうか。

信条

・金は自分の金と思うのがそもそも間違い
・徳がなければ、金は逃げていく。えらい目ばかりで少しも残らない
・もうけることはあるが、3代目にはつぶれることに決まっておる
・うぬぼれたら最後です。ガチンと損する
・仲買人の平均寿命は3年8カ月くらいで4年ともたない

【にしやま　くにぞう　1904〜没年不詳】

明治37年滋賀県高島郡に生まれ、大正6年大阪三品取引所仲買人・八田知至商店に入る。昭和13年綿布商西山商店を設立、同15年企業整理により渡鮮、百貨店「ニシヤマ」を経営、第2次大戦後引き揚げ、同24年西山繊維を設立、社長となる。同26年大阪三品取引所が再開されると同時に仲買人となり、同取引所理事に就任。

（写真は立花大亀対談集「人生問答」より）

本田　忠

「マムシの本忠」と恐れられた

昭和33年ころ、九州の相場街で本田忠の名はかなり知られていた。福岡の大手、平野証券を舞台に手広く株式売買をやっていた。エース交易（エボリューション・ジャパン→豊商事に統合）元社長の榊原秀雄はこう語る。榊原にとって本田は敬愛する兄貴分に当たる。

「私が中井繊維（商品先物取引業者）の福岡支店で戻り外交をやっていたころ、すでに本田忠という大物相場師がいるということは仲間の間ではよく知られていましたね。戦後多くの相場師が現れては消えていきましたが、半世紀を超えて相場師人生を貫いたのは本田さんだけでしょう。山種さんだって途中から経営者になって、相場師で一生を貫いたわけではない。だから私は本田さんのことを名人、達人と呼びたい」

手の内は黙して語らず

90歳の今も長崎を本拠に相場を手掛け、本田の携帯電話は鳴りやまない。かつては商品相場一本だったが、昨今は株と商品を中心にしている。本田は山種のように不敗神話の人ではない。結構苦杯も喫している。しかし、致命傷は負わなかったから卒寿を過ぎた今も相場を張り続ける。

博才はありながら相場人生を全うできなかった〝戦友〟たちの末路を知り尽くすだけに本田の戦法は意外と手堅い。本田の「ピンカイ、2ヤリ」はよく知られている。1枚、2枚の最小売買単位から始めるのが常だ。そのわけを開いたことがある。

「わたしは度胸がないということでしょう。それに、大阪商人のように少しでも安く仕入れたいという気持ちが働くのでしょうか」

だが、これは本音ではないように思える。相場師たるもの、その手のうちは黙して語らず、であろう。

「相場師が家で寝る不仕合わせ」と古川柳にある。相場師は一発当てて大もうけ、派手に散財して、いつも朝帰り。それが家で寝るようになれば相場にしくじり、夜の軍資金が枯渇してきた証拠といわれた。だが、本田はこうした相場師の生き方には同調しない。本田は取り巻きの営業マンたちを誘って夜の街に繰り出すのは好きだが、1次会止まりで2次会に顔を出すことはない。明日に備えて9時前には帰宅する。

本田が本格的に相場師として商品市場に現れるのは昭和46年以降のこと。すると主務省は仕手排除策を強化する。それは「特定委託者参入防止策」と呼ばれ、本田たちを市場から退場させようという戦略である。特に豊橋や前橋の乾繭取引所では本田系の玉で市場全体の70%を占めることも珍しくなかった。だから主務省も放置できなくなった。

小豆で歴史的敗北、大豆で取り返す

本田が乾繭や生糸市場を好んだのは東京穀物商品取引所（東穀取）への対抗意識からかも知れない。戦後、商品先物市場のシンボルであった東穀取は本田の率いる吉原軍団には冷淡だったといわれる。本田の反骨心を考えると東穀取への意趣返しにローカル市場をにぎわせたという説は当たらずといえども遠からずだろう。

昭和52年、その東穀取の小豆相場で本田は歴史的敗北を喫する。買い思惑に破れ、約25億円の損失をこうむった。新築したばかりの長崎の本邸を売却、全日空株など

相場師は孤独に耐えねばならぬ

莫大な所有株も処分する破目に陥った。

素浪人になった本田は、半年くらいは神妙にしていたが、またぞろ相場師の血が騒ぐ。こんどは大豆の買いに食指が動く。榊原秀雄ら友人、知己に融資を頼むが、だれも応じてくれない。やむなく取引先の大和銀行(りそな銀行)に駆け込むといともあっさり5億円の融資に応じてくれた。本田は生来、一行主義で通し永い付き合いだったことがものを言ったようだ。

昭和53年の大豆相場は今も本田の脳裏に焼き付いている。年初60キロ当たり4000円だったものが、3月には6000円台に高騰、年末には2650円まで暴落、本田はこの上げと下げを丸ごともぎ取った。

特に後半の下げ相場では周りの者がこぞって買いを主張、総買い人気の中、本田は相場格言の一丁目一番地、「人の行く裏に道あり花の山」を実践、前年の小豆の敗けの大半を取り戻した。

今も第一商品の事実上の筆頭株主として商品先物市場の復活に夢を託す。

信条

・相場は七分まで運です。残りの3分も運ですが、この3分は努力しないと得られない運です
・金もうけは苦労してできるものではない。もうかる時はいとも簡単にもうかる
・曲がり屋に向かえ

【ほんだ　ちゅう　1927～現在】

昭和2年長崎県出身、上海商業学校（上海居留民団日本商業学校）卒、終戦で帰国、父が安次郎が残した株券が機縁で相場の世界に入る。昭和36年商品先物取引の仲買人吉原米穀を創設、常務に就任、同40年吉原商品と改称、次々と同業者を買収し、吉原軍団を結成、業界シェア20％を占める。その一方で相場師として数々の仕手戦に加わり、「マムシの本忠」と呼ばれる。伝記に「侠気の相場師・マムシの本忠──吉原軍団が行く」（鍋島高明著、パンローリング刊）がある。（写真は「第一商品35年史」より）

三木　瀧蔵

繊維相場で特有の両建て作戦

かつて三井物産の社長を務めた新関八州太郎が日本経済新聞の「私の履歴書」で三木瀧蔵について書いている。第2次大戦後の財閥解体で右往左往しているところへ、三木が訪ねて来て、「新関さん、なにをなさるにも、さしづめ、資金がご入用でしょう。私が1000万円出しますよ」と資金提供を申し出る。新関は語る。

「解体になって、私が丸裸になった時に助けの手をさしのべるというので、非常に感激した。しかし、あまりにも、タナからボタモチ式にうま過ぎる話なので本気にしなかった」

三木の侠気に助けられた三井物産社長

後日、金繰りに窮した新関は神戸に三木を訪ねた。半信半疑だった三木の話は本当だった。三木の侠気に新関は助けられた。新関が三井物産のレーヨン掛主任時代にともに人絹糸相場を闘った仲だった。三木の1000万円という巨額資金提供について、周辺の人々も三木の口から聞いたことはなかった。新関の「私の履歴書」で初めて知ったのだった。三木の侠骨ぶりを物語るエピソードである。

三木瀧蔵は志賀直哉の小説「城の崎にて」で知られる城の崎温泉にほど近い津居山の回船問屋の9人兄弟の3男坊に生まれた。家は代々玉屋を名乗り、10棟の倉庫を持つ分限者《ぶげんしゃ》だった。だが、鉄道の発達とともに転機を迎える。長兄は家運挽回を図って米と株相場に手を染め、やがて破綻、債務処理に不動産を当てようとすると、登記されていなかったことが災いして、土地が以前の所有者に返還されるという不運が重なった。

「瀧蔵は子供心にもこうなったのが相場と法律であることを知って、大きくなったら、この弔い合戦をしてやろうと心にかたく誓った」（岩本厳著「三木瀧蔵伝」）

翌大正2年上京すると、老舗貿易商、高島屋飯田の小僧をやりながら夜学に通った。商売の呼吸も覚えるが、学歴不足で常務止まりか、と勝手に自己診断して退社、独立する。大正9年、21歳のことだ。

この年は大正バブルが崩壊し、「東の茂木合名、西の鈴木商店」と並び称された新興勢力の双璧がパニックで痛手を負い、茂木合名は破綻するが、三木は茂木の投げ物を拾って一家を構えたという剛の者である。三木はこの時、初めて相場の恐ろしさと面白さをみずからの肌で知ったという。

三木が相場師として凄腕を発揮するのは繭紬《けんちゅう》(ヤママユの糸)、富士絹、人絹といったマイナー商品に目をつけたことである。いずれも絹の代用品だが、不況期にはこれら、「絹もどき」、の商品がよく売れた。

特に繭紬は相場変動が激しく、「殺人商品」と恐れられた。その難敵に対し、「先売り倍買い」という、基本的には強気だが、一種の両建て作戦で戦果を上げた。「弔い合戦だ。負けられるか」との信念も勝因かも知れない。

朝鮮動乱後のパニックを猪突猛進

「繭紬と並んで登場した富士絹の相場による利益こそ、三共生興の土台を作ったといって過言ではない。そして三木を一層大胆にしたのが人絹糸の商売である。繭紬や富士絹で儲けた利益を人絹に打ち込み、買っては売り、売っては買うという明け暮れで20代から30代を過ごした」(亀井定夫著「私はこうして商品相場で儲けた」)

三木が最大のピンチに陥るのは、朝鮮動乱後のパニックの時。伊藤忠が「一等注意」、丸紅が「マルくれない」、日綿が「ケチめん」と仇名された昭和27年、三共生興は破綻寸前に追い込まれる。亥年《い》生まれの三木は相場でも猪突猛進型でのしてきたが、この時の失敗にこりて相場師から足を洗った。

しかし、「旭の道楽息子」と呼ばれた旭化成のベンベルグに目を付け、三共生興を飛躍に導き、旭化成の業績にも大きく貢献、三木瀧蔵の名が関西財界でも重きを成していく。やはり時代の底流を読む相場師の嗅覚が商品開発に大きな力となったのだ。

若いころ、横浜の外国商に相場観を聞かれた。

「三木サン、アナタ、コレカラノ相場、ドウ思イマスカ。皆ハ、高クナルカラ、今ノウチ、買ツテオケトイイマスガ」

三木「これから上がることが分かっていれば、あなたに売らないで自分で買いますよ」

お得意さんに向かってこんなことを平気で言っても「三木さんらしい」で済むのが、侠骨の人三木瀧蔵の真骨頂であった。

信条

・法の及ぶ限界を手探りでとらえ、わずかでも利ザヤがあるものは絶対に見逃さない

・金とはもうけるものではなく、もうかるものである
・先売り倍買い（値上がりすると半分が利益、下がると底とみた時買い戻す）

【みき　たきぞう　1899〜1981】
明治32年11月22日、兵庫県城崎郡港村字津居山で回船問屋の3男として生まれた。大正2年、高等小学校を中退、上京して高島屋飯田に入社、同9年横浜で三木商店を創業、絹織物の外国商館へ売り込み開始、同12年関東大震災で全店消失、神戸で三共商会（後に三共生興）として再建、昭和45年創業50周年を機に長男武社長に譲り、会長就任、同56年他界、この間神戸生絲取引所理事長、全国商品取引所連合会会長をつとめた。「(写真は「戦後商品先物年表」より)

中部編

（名古屋・豊橋・福井）

五十棲　宗一

毛糸相場で再三大勝負

繊維産業が日本経済の中軸に位置していた昭和30年代のことである。絹は早くから世界の首座を占め、綿は英国ランカシアを世界の片隅に追いやり、化繊では米国と覇を競い、毛だけは欧米の後じんを拝していた。だが、30年代後半には、世界屈指の羊毛工業国に名乗り出る。

相場変動の激しい羊毛の買い付け戦で日本人の博才が図に当たって、先発諸国に対する優位性が確立した――といった見方もされていた。

そのころ名古屋繊維取引所に上場されていた毛糸は投機商品として小豆をしのぐ人気があった。年中、相場師が仕手戦を挑み、乱高下を繰り返していたが、五十棲宗一はその時代の風雲児である。

四日市商業時代は相撲部に所属していたというが、丸紅で毛糸取引のコツを覚えると、やがて独立、毛織原料商「丸宗株式会社」を旗揚げする。そのころ繊維の先物市場は近藤紡社長の近藤信男の天下であったが、五十棲は敢然と近藤に立ち向かう。

昭和37年、毛糸は供給過剰で戦後の最安値に沈み、倒産する商社も相次いだ。採算点を大幅に割り込んだ毛糸をせっせと買い進む近藤は、私設買上げ機関、と呼ばれた。同年暮れには流れが変わって急反勝に転じるが、利食い足の速いのが近藤流で、キロ当たり100円ほど利が乗ったところで1万枚の大玉を利食ってしまう。

利食いのあとのドテンは不可

近藤の利食い売りに買い向かったのが五十棲。その買い玉は1万数千枚に膨らみ、キロ300円の利益が出ても簡単には利食いに動かない。取引所からは毎日値洗い差金が流れ込む。五十棲は後年、回想して呵々大笑する。

「1カ月間寝ても覚めても1分間5000円の割でカネが転げ込んできたよ」

近藤が1年掛かりで育てた毛糸相場の芽を五十棲が素手でもぎ取っていく観があるが、翌38年、五十棲は得意の絶頂から奈落の底にたたき込まれる。

五十棲は膨大な買い玉を利食いしたあと、普通なら「休むも相場」とひと息入れるところだが、今度はドテン売りに転じる。罫線論者が戒める「損切り後のドテンはいいが、利食い後のドテンはやってはいけない」という禁じ手を強行する。売り玉が膨らんでいくと、地元の専門商社豊島がこれに狙いをつける。豊島の機関店万栄が着々と買い進む。五十棲の踏みを取ろうとしているのは明らかである。

五十棲の後日談として「利食い後のドテンはいけない。それは私の信条でもあった。昭和38年相場の大失敗は、これこそ天井とみて利食いドテンして売り上がったことです」と敗戦の弁が伝わっている。

休むこと知らない風雲児

万栄―豊島の買いで11月限は暴騰、取引所は売買規制を強化、売り方は倉荷証券の提出、買い方は丸代金の納付が義務付けられる。ドタン場で大波乱が待ち構えていた。買い方万栄が新規売買自粛の申し合わせに反して大量の新現買いを強行、そのための売買証拠金48億円の調達に手間取り、規定時間を大幅に遅れて取引所に納入する事態になる。

立会停止、解け合いという最悪事態を迎える。この問題は後に国会でも取り上げられ、五十棲は裁判に訴えるが、巨額の損失で前年のもうけはそっくり吐き出してしまう。

これだけなら、37年の利益を38年の損で帳消しにしただけで済むところだが、休むことを知らないこの勝負師は次の年致命傷を負う。この時は林紡績の林茂が売り方で五十棲は三井物産と連合して買い方に陣取る。五十棲の作戦は成功し、売り方の大量踏み上げが1週間後に迫ったところで大逆転劇が起こった。三井物産が社長命令と称して、この買い占め作戦から撤退したからである。

窮地に追い詰められた林が三井物産上層部に、総合商社の買い占め戦の非を訴えたのが奏功したと伝えられている。林の起死回生は五十棲の頓死を意味する。

戦後を代表する相場記者、岩本巌はこう回想している。

「五十棲のことを思い出すたびに、私は彼の男にしては珍しいほど睫の長い、切れ長の黒くて美しい瞳と、そしてずっしりと身にこたえる野太い声を思う」

大手商社を利用したり、されたりしながら巨利と巨損を繰り返し、消えていった五十棲。半世紀経っても妖しい光芒を放ち続ける。存命ならもう白寿のはずである。

信条

- 人に頼まれて相場を張るものじゃない
- 私は相場を張る時は少なくとも半年前からいろいろ考え、大体の方向が決まったら作戦を練り、タイム・スケジュールを作り手を下す段階

を迎える
・手を振り始めた時は事は半ば以上済んだようなものですね
・利食い後のドテンはやってはいけない

【いそずみ　そういち　1920〜】
大正9年（一説には7年）三重県四日市出身、県立四日市商業を卒業、丸紅に入社、昭和24年独立して毛織原料商、丸宗株式会社を名古屋に創立、社長として采配をふるう。毛糸相場で再三仕手戦を演じた。同37年近藤紡の売りに向かって大量思惑買いで巨利、翌38年売り方に立って豊島の買い占めに遭い大敗、同39年には三井物産と組んで買い占めを図るが、売り方林紡の策動で敗北、以後相場界から姿を消した。（写真は藤野洵氏提供）

大石　吉六

罫線を燃やせ、人間を作れ

　ノンフクション作家の沢木耕太郎が全国の主立った相場師を訪ねて回るのは昭和48年ころのことだ。狂乱物価の最中、相場師たちが巨利を占める話題に事欠かなかった時代である。大石吉六は現役を一歩退いていたが、存在感のある相場師だった。沢木は書いている。

「大石は大垣の相場師で、戦前は米相場で財を築き、戦後は大石商事、大石証券を作り上げた。経営の実権はすでに息子たちに譲り渡し、会長に納まっていたが、相場に対する情熱は薄らいではいなかった、ぼくが大石に会った時、これがあの大石か、と驚くほど、体の小さな朴訥なしゃべり方をする老人だった。しかし、80歳に手が届くとは思えない明快さを持っていた」（「鼠たちの祭」）

　それは、土曜日の午後だった。当時の商品先物市場では小豆相場が人気を博していた。その小豆相場で〝客殺し〟が多発して社会問題にもなっていた。社員のいなくなった大石商事の店頭で大石吉六はタバコをくゆらしながら大垣なまりで往時を語る。

「昔はこの世界にも仁義はあって、一見の客は取らんかったもんでの。だから証拠金もいらん。それくらいお互いが信用し合っておった。相場師は昔でいやあ侠客ですな。素人衆をだますなんて、下の下でないかの。この世界はな、取られるのはせいぜい自分の財産、取るのは日本中の銭、これほど面白いのはないんですわ」

位階勲等、上下貴賤なし、学歴無用、一夜大尽・一夜乞食の男の戦場――それが先物市場。大石は根っから相場が好きなのである。

大石吉六は戦前から鳴らした相場師である。投資日報の鏑木繁が編さんした「今は昔＝船場・堂島・北浜＝相場物語」という本に、「大垣と堂島を往来した大石吉六氏」という件がある。

年中、売りから出動

大石の相場振りについてはこう記されている。

「西濃米穀の大石吉六氏は米相場では年中、『売り』から出た人である。今は証券を令息に譲られたが、昔の夢が忘れられず、現在でも名古屋を中心に小豆相場で活躍されている」

沢木耕太郎はこの時の取材では現役バリバリの相場師を対象に絞り、東京では霜村昭平、大阪では伊藤忠雄、静岡の栗田嘉記、桑名では板崎喜内人らに照準を合わせた。第一線を引いていた大石は当初の取材対象から外れていたのかも知れない。だが、「繊維相場で30億円もうけた青年相場師」などとマスコミを賑わせていた「桑名筋」こと板崎喜内人の師匠として大石に会いたくなった――そうに違いない。

大石は、男気の相場師である。これは大成する、とにらんだ若い相場師には徹底して援助する。担保として預けなくてはならない証拠金を取らないで相場を張らせる。板崎も見込まれた1人で、何度か倒れてはそのつど助けられた。

「相場は、足りるか余るか、それだけだ」

大石は「相場は需給に始まり、需給に終わる」と強調する。大石流にいえば、「相場は足るか、余るか、それだけ考えとったらええ」となる。極めてまっとうな相場信条の持ち主である。

大石は相場師のつえともたとえられる罫線を見ない。大阪の相場師で商品取引の岡安商事を創業した岡本安治郎との初対面の席で、こう述べる。

「わたしは罫線は書きません。罫線張りは失敗が多い。若いころは、罫線信者でしたが、罫線を燃やしてしまいました。岡安さん。罫線を破ってしまいなさい。燃やしてしまいなさい。そうしたら、自分の相場観を何に求めるか、何を根拠に相場方針を立てるか。自分の環境に合った相場判断ができると思います」

相場師の言葉は時に難解である。大石のいう「環境に合った相場判断」とはどういう意味か。罫線にしばられない自由な発想で相場が張れるという意味なのか。

それでも2人の老相場師は、以後、親しく付き合うようになる。岡安は会う人ごとに「私には相場の先生がついている。先生であり、友人であり、時には飲み友達である」といって大石を持ち上げた。

大石は愛弟子板崎喜内人に対しては「お前に金がたまらんのは、人間ができてないで、金が住みにくいんじゃ。金を作るより、人間を作れ」と「人間修行」を説く。

岡安は大石の風貌について述べている。

「五尺そこそこ、白髪が整然と七三に分けられた上品なタイプであった。金歯が光って印象的であった。相場界で生き抜いてきた精悍な面構えは見受けられず、学者か、医者のような静かな態度であった」

信条

・相場は足るか、余るか、それだけ考えてていたらいい（需給がすべて）
・罫線を破れ。罫線を燃やせ。罫線を引くな
・金を作るより、まず人間を作れ

【おおいし　きちろく　1896〜1990】

明治29年岐阜県養老郡養老町出身。戦前はおじが経営する西濃米穀を手伝いながら米相場で鳴らし、名古屋、堂島市場で「売りの大石」と呼ばれた。戦後は商品取引の大石商事、大阪大石商事と大石証券を経営した。大石商事は名古屋穀物商品取引所と名古屋繊維取引所の会員だった。大石商事は吉六の後を継いだ4男大石俊司社長時代には東京工業品取引所に加盟、貴金属市場の会員にもなり、営業規模を広げるが、平成20年に廃業。（写真は山村哲朗氏提供）

岡地　貞一

大相場師「田貞」の血流れる

岡地貞一には先代譲りの相場師の血が色濃く流れている。先代田中貞二は「名古屋に田貞《でんてい》あり」といわれた大相場師である。昭和初めの新聞はこう記している。

「田中貞二は尾西一宮在の産だが、米に、株に、綿糸に、綿花に、生糸、砂糖、ゴムでござれ、毛糸でござれ、不動産であれ、投機的に、採算観に盛んに勝負を争ったものだが、まあ株を中心にして成功した」

岡地貞一は生まれると間もなく岡地家に養子にいく。そして大正4年、高等小学校を卒業すると、実父の経営する田中貞二商店で相場の世界に触れる。当時、田中貞二商店は名古屋株式取引所の仲買人として勢力を伸ばしていた。先代の指導のもと相場の腕を磨く。折しも欧州大戦下で株も商品も激動していた。「岡地五十年の歩み」（藤野洵著）はこう記している。

「岡地貞一がいきなり社会人として触れた株式市場の世界は、日本の資本主義発達史の重要なプロセスであり、一種特異な投機ブームの渦中にあった。そこから、どのような経済観を得て、相場の世界で50年有余を過ごしたか、極めて興味深いところだが、のち株式取引員を経営、昭和26年には商品仲買人をも手掛けた図式からすれば、岡地貞一こそ、相場の申し子、といえるかも知れない」

糸へんブームで大当たり

昭和2年4月の金融恐慌を経て、貞一は田中貞二商店を退社、同10年には一宮市で株式店を開業する。この時、貞一は34歳だが、仲買人の資格はまだ持ってない。恐らく田中貞二商店の取次ぎ店にとどまっていたとみられる。同16年、岡地は名古屋株式取引所の一般取引員の資格を取得、岡地貞一商店を開業する。待望の名古屋伊勢町であったが、戦時中の企業統合で、同19年には廃業、農業に従事する。

第2次大戦後、岡地は証券取引所の再開を待ちわびつつ、尾西市開明の自宅でメリヤス製造を開始、折からの糸へんブームで大いに当たり、悦次、良彰、中道の3人の息子を従えてメリヤスの製造、販売で稼ぎまくる。名古屋証券取引所が再開されてもすぐには相場の世界に戻ることはなかった。

岡地が相場界に復帰するのは名古屋繊維取引所が復活した時だった。昭和26年2

月のことだ。岡地は3男中道をつれて名古屋市内で岡地貞一商店を開業する。岡地織物時代、中道は行商を担当し、3兄弟の中で一番商才があるとにらんでの指名だった。岡地の相場観が的中するのは上場したばかりのスフ糸を売り建てた時だ。朝鮮戦争の成り行きを見守っていた岡地が、取引再開直後の名織取のスフ糸市場で売り攻勢に出る。

「スフ糸相場はこれから本格的に下げていくに違いない。これは売りだ！」

しばらく相場から離れていた岡地だったが、戦前、コメや株で鍛えた相場勘がよみがえるのを感じ取っていた。このころの采配は水際立っていたと、今も語り草になっている。南伊勢町時代のお客も岡地の店に戻ってきて店頭はにぎわった。

「スフ糸急落からようやく一般人気も盛り上がってきて、市場の出来高にも弾みがついた。岡地貞一商店では一般客が多数、このスフ糸相場を手掛けるようになった。主に南伊勢町における証券会社の投資家たちであった」（同）

その中には土井賢一、宏二兄弟の姿もあった。賢一は東大、宏二は慶応卒の秀才兄弟でともに相場が大好き、伊勢町では知らぬ人はないくらい有名だった。兄は大万証券、弟は後に商品先物取引の土井商事を主宰する人物だが、土井兄弟が岡地に出入りしてくれることは宣伝効果も大きかった。

貞二→貞一→中道→和道

岡地は名古屋繊取復活1年目から売買高1位を誇る。岡地貞一・中道コンビで草創期の名古屋繊維市場を盛り上げ、やがて東京穀物商品取引所などでも大きな売買実績を積み、総合仲買へと発展していく。

岡地中道が当時のことを語っている。

「父はもともと相場の世界の人間ですから、昭和25年8月商品取引所法が施行され、名古屋にも繊維取引所ができるというので矢もたてもたまらず、織物の方は長兄の悦次と次兄の良彰に任せて、ぼくと2人で名古屋に出て、社員を5人ほど集めて取引所の開設を待ったわけです」

貞一が亡くなった時は岡地証券(長男悦次が社長)、岡地不動産(次男良彰が社長)、岡地(3男中道が社長)の3社による合同葬が執り行われた。

そして30有余年の時は流れ、商品先物は〝厳寒の時代〟といわれるが、岡地は3代目(田中貞二から数えると4代目)の時代に入って、貞一の孫岡地和道が采配をふるう。和道は日本商品先物振興協会会長として業界を束ねる役目も負う。先代中道が成し得なかったポストだ。

信条

・父（岡地貞一）はもともと相場が好きなんですね。高等小学校を出ると祖父の仲買に入り、ずっと相場の商いをやってきた。血筋なんですね

・伊藤忠の越後正一さんと父は意気投合して岡地は伊藤忠の機関店になった（長男・岡地中道）

・岡地貞一は日米開戦後の株式市場の活況を想定して昭和16年6月名古屋伊勢町に進出した。太平洋戦争を強気していたことは疑うべきもない（岡地五十年の歩み）

【おかち　ていいち　1901～1975】

明治34年、愛知県出身、大物相場師田中貞二の長男に生まれ、間もなく岡地家の養子となる。大正4年高等小学校を卒業すると実父が経営する名古屋株式取引所仲買人・田中貞二商店で相場の腕を磨き、昭和2年、退社して、日東護謹製造取締役、同16年名株取引員・岡地貞一商店を開業。同26年岡地織物設立、岡地貞一商店（岡地）は名古屋織維取引所仲買人として加入、昭和30年代には名古屋地区の最有力仲買人となる。（写真は「岡地五十年の歩み」より）

岡地　中道

「田貞」の孫、3代目は早大出

岡地中道には祖父の代から勝負師の血が色濃く流れている。祖父田中貞二は株、米、綿糸、生糸、砂糖……なんでもござれの大物相場師だった。横浜取引所株の買い占めで大勝利を収めた。また堀久作の日活株買い占め戦では田中が支援して勝利に導き、日活副社長に就任、衆議院選に打って出たこともある。

その長男貞一は幼いころ岡地家に養子にいき岡地貞一となるが、高等小学校を出ると田中貞二の経営する仲買店に入り、以来相場の商いに専念する。貞一は「相場の神様」といわれた伊藤忠商事の越後正一社長と意気投合し、伊藤忠のヘッジ玉など大量の注文を岡地で引き受けた時期もあった。また近藤紡績社長、近藤信男の機関店でもあった。

岡地貞一には3人の男児がいた。長男悦次は岡地証券、次男良彰が岡地不動産、三男中道が商品先物取引の岡地を継承した。

中道は昭和25年早稲田大学を卒業、兄たちと一緒に父貞一を助けてメリヤスの製造、販売に従事した。折からの糸へんブームで大いに当たり、資産をこしらえるが、3兄弟の中で中道が一番商才に長けていた。昭和26年2月、名古屋繊維取引所が復活すると、貞一は中道をつれて同取引所加盟の仲買店、岡地貞一商店（現岡地株式会社）を開業、貞一・中道の父子鷹は中京地区の最大手仲買として地歩を高める。

父子鷹で中京最大の仲買へ

昭和38年の平松事件（平松株式会社による毛糸買い占め戦）では岡地が機関店として世間の注視を浴びる。以来、数々の仕手戦で岡地が「仕手の店」として存在感を高める。名古屋を拠点にしながらも、東京、大阪の取引所にも加盟するようになり、全国区の仲買店へとシェアを高めていく。

元東京穀物商品取引所専務理事の森川直司は中道について「東京に進出したばかりの時イジメのような扱いを受けたこともありますが、侠気のある真の経営者と呼ぶべき人物」と語る。

中道がマスコミの注目を集めるのは、昭和45年の日本トムソン事件の時だ。ベアリングの大手、日本トムソンのオーナー社長で稀代の相場師である寺町博が岡地を拠点に自社株を担保に小豆相場を張って巨損を出す。その株を中道が引き取り、日本トムソンの社長に推される事態となる。中道が述懐して語る。

「昭和45年2月、寺町さんがわざわざ名古屋に来たんですよ。『15億円くらい損しているんだけど担保に日本トムソンの株を約200万株、各取引員に預けてある。それを売られたら大変だ。受け出してくれませんか』という。トムソンという会社は内容が非常によかったのでぼくも以前から40万株くらい持っていた。うちも債権があるし、いま各取引員に売られたら大変なことになる。順次金を渡して株を受け出し、結局200万株引き受けた。するとと日本国内では筆頭株主になった」（昭和51年3月8日付「商取ニュース」）

寺町博に代わり、トムソンのトップに

スウェーデンのSKFが450万株、次いで岡地が240万株を持つことになる。中道は初め非常勤取締役に就くが、同年7月の株主総会で寺町が社長を退任、中道に後任社長として白羽の矢が立つ。

この時、中道は「ベアリングのことはなにも知らないから」といって辞退する代わりに代表権を持つ専務に就任する。同時に岡地社長を辞任、日本トムソンの経営

に本腰を入れようとしていたことがうかがえる。

当時、商品先物業界では「客殺し」が世論の指弾を浴びていた。そんな折しも、東証1部上場の優良企業である日本トムソンの社長が相場で損をして、その代わりに商品取引員の社長が乗り込んできたとあっては前代未聞の出来事だなどと週刊誌が書き立てるものだから、中道は居心地が極めて悪い。東京の宿舎にもマスコミが押しかけてくる始末で、在任1年だけで辞任、日本トムソンを去り、岡地に戻り、社長に復帰する。

中道は日本商品先物取引員協会連合会副会長に就任するなど商品先物業界のリーダーとしての基盤が固まってきた矢先、病魔に倒れ平成元年他界、60歳だった。平成12年長男和道が社長に就任。和道は現在、日本商品先物振興協会会長として商品先物業界の旗振り役を務める。

岡地はディーリングなど自己売買の多い店として知られ、近年は常時上位3社の中に位置し、投資有価証券の保有高では商品先物業界ではダントツの1位を占めている。このあたりに勝負師岡地中道の遺風が見て取れる。中道は病室でも受話器を離さなかった。相場を心底から愛していた。

信条

・企業は利益を出して初めて価値がある
・取引所があるから相場のブレが狭くなる
・相場は売りにあり

【おかち　なかみち　1929〜1989】

昭和4年愛知県出身、岡地貞一の3男として生まれ、同25年早大政治経済科を卒業、東京小伝馬町の繊維問屋瀧富商店に入る。同26年父と商品取引の岡地貞一商店（のち岡地）を開業、専務に就任、同28年社長に就任。日比谷商店、日埜商店、富士実業などを次々と買収、同45年日本トムソンの国内筆頭株主となり、専務に就任、1年後に退任。（写真は「岡地五十年の歩み」より）

小川　文夫

東海道に砂利トラ、数百台走らす

昭和30年代から名古屋を拠点に小豆など穀物市場で大きな相場を張った小川文夫。昭和40年、業界紙の取材に答えて、こう語る。

「相場道は一生かけても完成するものではない。それだけに興味がある。日頃の勉強によって可能性の限界に挑戦する、断崖絶壁の高峰に挑む登山家の心境と似たところがある」

小豆マンションぶっ建てる

そのころ小川は人気絶頂期で多くの専門紙記者が小川のもとに訪れた。名古屋市東山に高級マンションをぶっ建て、〝小豆マンション〟と呼ばれるのもそのころだ。業界紙の取材中も3台の電話が鳴り続けている中で、「相場師は孤独なものですよ」などと語る。

「一昨年（昭和38年）の経験で、相場を客観的に考え、常に余裕ある態度で相場をやれたのが昭和40年でした。お陰で損も大分取り戻すことができ、明るい新春を迎えられました。それにしても伊藤忠雄さんはどんな大相場の最中でも、競馬に出掛けるという心のゆとりを持っていらっしゃるのは立派ですね。あの境地に到達できるのはなかなかのものです」

引用文に出てくる伊藤忠雄は当代切っての大相場師でNHKでも「現代の相場師」として伊藤を取り上げるほどの大物だが、小川が最も尊敬する人として上げている。小川の獅子奮迅ぶりを描いたドキュメントに「百戦連勝」（徳山倉商著）がある。小川は名古屋で小豆の買い占めに出ると同時に東京、大阪で売りたたくという作戦で、金沢の友人北川三郎と笹川良一と連合軍を結成した。笹川は作戦半ばで戦線を離脱するが、智将伊藤忠雄が援軍に駆け付ける。昭和36年9月のことだ。

「そこへもう1人援軍が現れた。それは名古屋食糧販売理事長の木村栄一。笹川の離脱で一時は窮地に立った小川だったが、ここに事態は急変して立て直し作戦は軌道に乗った。小川は友人を大事にすることで知られ、大いくさではこの友人ネットが力を発揮する。小川は強気一本調子であおりにあおった。あっという間に1俵（60キロ）当たり7000円台に乗せた。さすがの山種も踏み上げている。折から

取引所は規制を一段と強化する」(百戦連勝)

史上空前のところ相場を演出

仕手退治に取引所が抜く「伝家の宝刀」(売り方は倉荷証券の提出、買い方はマル代金=時額相当額の証拠金納入)の登場で立会場は緊迫する。小川は名古屋の金豪林茂(林紡績のオーナー社長)を味方につけ、取引所の規制に対抗する。名古屋穀物取引所で早受け(取引最終日前に現物を引き受けること)した現物を東京、大阪、市場に転送することで名古屋では踏みを取り、東京、大阪両市場では投げを取り、3市場で勝利を収めようという破天荒な作戦である。

問題は大量の小豆を東京、大阪に転送するためのトラックの確保。金沢に陣取る北川が、北陸で進んでいる電源開発用の砂利トラックに目を付ける。この奇想天外な作戦では東海道を数百台のトラックが数珠つなぎで走るという空前の椿事となる。

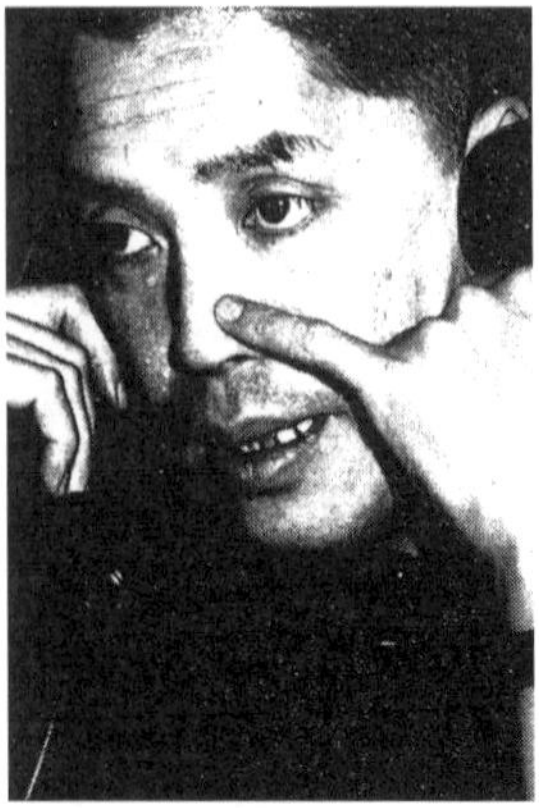

若き日の小川文夫

「東京穀物商品取引所十年史」には「名古屋市場に強力な買い思惑が起こり、東京市場もその余波を受けて高納会になった」と記された。36年10月限の納会値は東京７５００円、大阪４４９０円に対し名古屋９９００円。市場間の極端な価格差に小川の強引な戦法の足跡が記された。小川がこの作戦に投じた資金は27億８７４０万円とされる。リスクを冒した割りにはもうけは小さかったそうだが、小川の名は先物相場史には深く刻まれた。

２年後、業界紙の質問に答え、仲買店を辞めて、相場師に専念するに至った事情をこう語る。

「私のように勝負本位にいくいわゆる仕手はお客さまに迷惑をかけることが起こる可能性がある。私が売りに出る時、お客が強気で買いに入る場合など困るんです。客の立場を考えると、仲買人ではどうしても自分の思う通りに張っていけないんです」

小川は尊敬する人物に伊藤忠雄と笹川良一を上げた。伊藤の小川評「根性があります。そして信義に厚い」。

信条

- 仕掛け時が大切、罫線は見ない
- 市場の動向、実際の正しい人気をつかむ

・相場は山に登る時と同じ心構えが必要、いろいろなデータを分析、計画的でないといけない
・相場は信念を持ってやらないといけない

【おがわ　ふみお　生没年不詳】
京都府出身、同志社大卒、昭和29年から名古屋市に居住、穀物相場の仕手として活発な動きを展開。「名古屋に小川文夫あり」と称される。一時は先物取引の仲買店を経営していたが、相場に専念するため親戚のものに譲った。昭和36年に小豆の買い占めで名を上げた。（写真は経済ルック紙提供）

近藤　信男

引かれ腰強い売り将軍

城山三郎は近藤信男をモデルにした小説「一発屋大六」の中で書いている。

「引かれている――つまり損をしている時は、普通なら、いち早く手仕舞いして逃げ出すところだが、剛造（近藤信男）はねばりにねばって手放さない。その引かれ腰が強いために、大損ということも少なくない」

プロは損勘定になると、素早く手仕舞い、引かれ腰の強いのはアマチュアの典型とされる。が、戦後最強の相場師近藤信男は素人丸出し、引かれ腰の強さで、相場人生を貫徹した。ある年、小豆相場の買い占めに失敗、投げることを潔しとしない近藤は、そっくり現引き※し、来る日も来る日も近藤紡績所の女子工員たちは朝、昼、晩、赤飯とぜんざいを振る舞われ、げんなりしたという挿話がある。

※現引き　取引所の最終受け渡しで、現物を引き取ること。現受けとも言う。

マスコミ嫌いのK紡績

近藤は謎の相場師である。慶應大学理財科（現経済学部）卒。180センチの長身、120キロの巨漢というが、会った人はほとんどいない。新聞は「K紡」とイニシャルで近藤の動静を伝えるしかなかった。

財界人で交流があるのは伊藤忠商事の越後正一ぐらい、ジャーナリストで心を許したのは伊藤肇だけだった。その伊藤が異様な光景を目撃するのは昭和34年春のことだ。近藤は胃潰瘍で、名大病院に担ぎ込まれた。見舞いに訪れた伊藤が「面会謝絶」の札の奥で見たのは、やせこけた近藤が受話器を2つ握って、かすれた声で怒鳴りまくっている姿だった。右の耳で繊維相場を聞き、左の耳で株をやっていたのだ。

昭和40年代のことだが、繊維相場の取材で近藤の機関店、武田商事（社長武田恒）を訪れると「K紡」と思われるまとまった買い注文を目撃した。それは近藤紡績所の綿糸の売り出しが近いことを予告していた。相場を持ち上げておいて、現物をどっと売りさばく作戦だ。先物市場を毛嫌いする大手紡績の中で、近藤ほど先物市場を踏み台にして業績を伸ばした例は少ない。

中山鋼株で笹川グループに敗北

近藤は紡績会社の社長であって、希代の相場師という二つの顔を併せ持つ。近藤の相場歴は数十億円単位で大勝、大敗を繰り返す。山種のような不敗神話の人ではない。近藤の最後の大勝負となったのは笹川グループを向こうに回しての中山製鋼所株の大仕手戦である。初め糸山英太郎の買いに売り将軍近藤が立ちはだかった。

窮地に陥った糸山は縁戚の笹川良一や父佐々木真太郎を口説いて連合軍を結成、買い占めを図る。近藤の投機歴からみれば、はなたれ小僧でしかない糸山の背後の力を読み誤ってしまった。糸山は自著の中で書いている。

「笹川会長や佐々木とは無関係に、私ひとりが中山鋼株を買っているもの、と近藤紡は思ったらしい。とすれば、そろそろ念仏どきだと、近藤紡はニンマリと笑ったことだろう。」（「怪物商法」）

昭和46年9月、笹川グループは中山綱株の25％を買い占め、残る75％は中山一族が握ったままで市中の浮動玉は底をついた。１８０万株にのぼる近藤紡のカラ売り玉は格好の標的となった。

47年1月には株価は2000円を突破、近藤は多い日には1日1000万円の逆日歩を現金で支払った。近藤はとうとう解け合いを申し込んだ。相場師としては屈辱の白旗を揚げ、恭順の意を表した。決済値は3380円、近藤の損は約40億円に達した。そして1年後、狂乱物価の嵐の中で他界した。

信条

・そこに相場があるから張るんだ
・相場が思惑通りいった時の戦慄する楽しさは相場をやったものでないと分からない
・死ぬ時は相場で死ぬ

【こんどう・のぶお　1903〜1973】
愛知県出身、父繁八は有名な相場師で、大正11年名古屋綿糸取引所（名古屋繊維取引所の前身）の初代理事長に就任。叔父永岡弥兵衛は「永岡将軍」と呼ばれる大物相場師であった。昭和7年、ニューヨーク綿花相場の思惑買いで巨利をつかむ。第2次大戦後、近藤紡績所を大手紡績に育てる。株と商品先物市場をまたにかけ活躍、同46年の中山鋼株の仕手戦では巨損をこうむる。

土井　賢一

東大野球部主将から相場師

かつて証券会社の店頭には碁、将棋盤が必ずといっていいほど備えてあった。客同士が打ったり、指したり、大引け後には店員も加わって一戦交える光景がみられた。土井賢一は名古屋の株式街、伊勢町で屈指の棋力を誇っていた。土井の趣味は麻雀、競馬などすべて勝負につながるものばかりであった。

「土井と話をしていると肩がこる」といわれるほど相場や勝負事に話題が及ぶと熱がこもった。その日もお客と碁を打っていて急に頭痛に襲われ、脳溢血で倒れ不帰の客となる。

「いかにも相場師らしい最後だった」と語り継がれているが、同時に「これで伊勢町にも相場師といえる人がいなくなった」と惜まれた。

後には30頭を超すサラブレッドの競走馬が残された。賢一が在世中には大レースを制覇することはなかったが、弟宏二の時代になってヤマニンモアが昭和35年のダービーで2着に入り、翌年春の天皇賞で栄冠を勝ち取った。兄の墓前に報告したのはいうもでもない。ヤマニンは土井一族が経営する大万証券と商品取引の土井商事の屋号である。

土井賢一は生来、相場師の血が脈々と流れている。父兼次郎は名古屋米穀取引所の取引員であった。賢一は愛知一中（旭丘高校）、三高を経て東大法科を出ると日本車輌に入る。父は会社員から重役コースへの道を着々と歩んでくれることを期待したかも知れないが、賢一は2年でサラリーマン生活を辞め、伊勢町に入り浸り、勝負の世界に没頭する。

床の間の掛け軸は罫線

土井が好んだのは長期清算取引の中でも格別人気の高い新東（東京株式取引所新株）で、リスクも大きかったが、面白味も抜群であった。勝っても、負けても家に帰ると熱心に罫線を引いた。あらゆる情報や市場心理の結晶である罫線で相場を科学的に予測しようと心掛けた。土井は後年、名古屋市内の八事に宏荘な本邸を新築するが、床の間の掛け軸は横山大観でも竹内栖鳳でもなく新東の罫線だったと伝えられる。

5年間ほど株や綿糸、米相場で得失を繰り返したあと、株の取引員の資格を取る。昭和10年12月山にんべん印土井賢一商店がオープンする。時に31歳。この時の開業資金はみずからひねり出したかというと、残念ながら父親から援助してもらったものだった。

翌11年には二・二六事件の勃発で新東は119円50銭に暴落するなど前途多難を思わせる。昭和18年には全国の証券取引所は日本証券取引所に一本化され、店のほうは桑原小三郎の三ツ輪、村瀬庸二郎の二引などと合併、日東証券となる。

第2次大戦後、土井は鎌倉で髀肉《ひにく》の嘆をかこつことになるが、加代子夫人ともども商才を発揮する。

「進駐軍のみやげ物に宝石類、美術品、七宝製品などが買いあさられて払底するであろう。そうなれば当然騰貴するから買い集めることにした。宝石類や美術品は東京で、七宝焼は名古屋で、大げさにいえば根こそぎさらえて鎌倉の家に収蔵した。そして社交家の加代子夫人は巧みに総司令部の幹部を通じ、これをさばいて莫大な利益を得たといわれる」（岡戸武平著「伊勢町物語」）

やがて証券取引所復活へ胎動し始めると、夫人を鎌倉に残して単身名古屋に帰ってきた。新法下で取引所が再開されたが、土井が願っていた先物取引が禁止されたたため落胆した。それでも朝鮮動乱特需で株価が急騰し始める。土井は大沢重右衛門の大万証券を買収、社長に就任する。このころ、土井は東京海上を買いまくり、これのつなぎに平和不動産を売って、大もうけした。

「ヤマニン」の祖はカミソリ賢一、ナタ宏二

当時、兜町ではブーちゃんこと佐藤和三郎合同証券社長がもうけ頭として脚光を浴びていたが、土井は〝名古屋のブーちゃん〟と称されるほど大もうけをやってのける。もうけた金で競走馬を買いまくった。

土井の競馬熱は三高生時代にさかのぼるといわれ、屋号の「ヤマニン」を冠した名馬の数々が大レースを賑わすのは弟宏二の代になってからである。宏二は大正2年生まれ、兄と同じ愛知一中から慶應大学法学部卒、日本製鋼所、中央製作所を経て土井産業を経営ののち、土井商事を設立。二人とも相場が大好きで、人々は「兄はカミソリ、弟はナタ」と評した。

土井商事は名古屋出身の商品取引員としては岡地とともに双璧を成していた。仕手筋の玉が入る店だったので存在感がある仲買店だったが、商品先物取引の前途に期待が持てなかったようで、規制強化の前に撤退した。

信条

・相場即人生
・相場師の血を受けているうえに、子供のころから相場の何者かを知り、天下の相場師になろうとひそかに期するものがあった
・戦前は新東、戦後は平均株価の罫線をみずから克明に引いて科学的に売買判断の手がかりとした
・三高生時代から馬を持ちたいとの念願を持ち続けていた（岡戸武平）

【どい　けんいち　1904～1958】
明治37年名古屋生まれ、父兼次郎は名古屋米穀取引所の取引員だった。愛知一中、三高を経て昭和3年東大法科卒、日本車輌へ入社、同10年名古屋株式取引所の取引員（山にんべん印土井賢一商店）を開業、同18年企業統合で日東証券となる。同24年大万証券を買収、社長に就任、商品取引の土井商事社長も兼ねる。中学から大学まで野球部に所属し、東大では遊撃手でキャプテンを務めた。同33年急逝。（写真は岡戸武平著「伊勢町物語」より）

林　茂

「一宮からす」と呼ばれた林紡

中京の怪物、林茂が他界して25年になる。相場師で、東証一部上場のオーナー経営者で金貸しで、教育者で……。いくつもの顔を持つ林茂は一代で巨富を築き、そして破綻した。おごり高ぶる人ではなく、愚直なほど地道に振る舞ってきたが、栄耀は短かった。

尾張一宮周辺は数多くの相場師が輩出している。「乗っ取り王」と恐れられた横井英樹は林と同じ大正2年生まれだし、4歳年下の鈴木一弘は浅野物産をはじめ20数社の買い占め、肩代わりで恐喝罪に問われるなど、余り評判がよろしくない。そうした連中と一緒に「一宮三羽からす」などと呼ばれたこともある。

「一宮からす」とは尾張一宮商人の別称で、よくいえば「利にさとく、智恵に働く」という意味を持つ半面、からすのように寄ってたかって獲物を分捕る貪欲な商人といった意味も込められているという。

林茂が全盛期の昭和45年ごろ、経済誌の記者が林の牙城、林紡績の本社を直撃するが、そこに広がる林茂ワールドは「目からウロコ」の連続だった。当時、有名俳優の経営するホテルが倒産し、筆頭債権者として林の名が週刊誌をにぎわせていた。雑誌記者がまず驚いたのが社長室。

「残暑とはいえ、いまだ強い日差しが、あけっぱなしの窓から遠慮なくふり注ぐ。クーラーやら扇風機などはいっさい置いていない。通りがかりの男女工員がジロジロとのぞき込む」

毛糸相場で巨富築き没落

筆者もそのころ林を尾張一宮に訪ねたことがある。社長室の板の間がギシギシときしんでいたのを覚えている。壁一杯に毛糸相場の罫線を貼り付けてあった。社長のいすの背後には、どでかい金庫が鎮座していた。札束や株券がぎっしり詰まっていたことだろう。

林の仕手戦で一番よく知られるのが昭和39年、四日市出身の剛腕五十棲宗一（毛糸商、丸宗社長）の買いに売り向かった時だ。五十棲は三井物産と手を結んで買い進み、林は踏み上げ寸前に追い込まれるが、ドタン場で大逆転が起こる。三井物産が社長命令と称してこの作戦から手を引いたのである。

実はこの逆転劇、林が三井物産へ乗り込んで上層部に対し、無謀な買い占めに加担するのをやめるよう説得に成功したからだった。五十棲は「林紡の煙突の二、三本は倒れかけていたのに」と悔しがった。

始末屋中の始末屋

昭和45年ごろは繊維相場が一番盛んだった。綿は近藤紡、スフは都築紡、人絹は川村佐助、生糸は伊藤忠、そして毛糸は林茂が主役だった。林は先物市場を巧妙に利用した。世界的な原毛市況の悪化と毛糸需給の緩和を見抜くと、名古屋繊維取引所の先物を売り、シドニー市場で原毛を売り建てた。ソ連との間でも抜け目なく長期の輸出契約を済ませていた。

ほどなく羊毛も毛糸も大暴落、林は悠々と売り玉を買い戻していく。林は大富豪の仲間入りした後も節倹に徹した。上京してどこへ行くにも地下鉄と徒歩に頼り、車は使わない。

「一宮からすの中のからす、始末屋中の始末屋、豊島の訓育のたまものかもしれない」と林を知る人は評す。

だが、さすがの林も毛糸相場の長期低迷には抗し切れず、銀行にカネとヒトを仰いだ。昭和52年林紡績の社長退陣を余儀なくされ、相場界からも消えていく。
原価が1キロ当たり２０００円の毛糸が同１４００円に沈んでしまってはいくら原価の安い林紡の毛糸も存立は難しかった。金融業の焦げ付きも追い打ちをかけた。相場も曲がりっ放しだった。無から巨億の富を築き、無に帰った。多くの相場師たちの血を沸かせた毛糸相場の罫線も林茂の死と共に途絶えた。

信条

・若い時の苦労は買ってでもやれ
・15歳から奉公に出て自然に身についたことは何としてでも自分でやり抜く人間になりたいということだ
・苦労の中で修め得た知識、身についたしつけは血肉となって永久に自分の体内に育っていく宝である

【はやし　しげる　１９１３～１９９３】
大正2年愛知県出身、小学校を卒業すると繊維問屋・山一商店（現豊島）に丁稚奉公する。第2次大戦末期には先輩が兵役にとられ番頭に出世。昭和21年11月、

33歳の時独立、〝ガチャ万、コラ千〟景気で大もうけ。金融業にも進出、同38年東京麻絲紡績の株を買い占め社長に就任、2年後帝人に譲渡。毛糸不況、金融業での貸し倒れなどから同52年、社長を退陣、その後も相場師として策動したが、平成5年他界。80歳。（写真は林紡績編「人こそすべて」より）

三輪　常次郎

相場の敵は相場で取る

名古屋の織物問屋、服部商店の支配人・三輪常次郎は一代で巨万の富を築き、名古屋商工会議所会頭を務める立志伝中の人物である。

「その成功の秘密は一体どこにあるのだろう。満面に笑みをたたえ、相手の気をそらさずに話し込む。この短躯の好々爺のどこにあの激しい、かつての相場師の面影があるのかとちょっと疑ってみたくもなる。しかし、穏やかな笑顔の奥には、何物をも見透さずにはおかない鋭い心の眼が光っており、気のおけない人間に見えながら、その実近寄り難いものを感じさせずにはおかない」（和田宏著「中部財界人物伝」）

小僧から身を立てる

三輪常次郎は織物問屋の小僧から身を立て、遠縁に当たる服部兼三郎のもとで商売の修業を積む。主人の服部は名古屋の4大織物商（瀧長、瀧定、万丈、糸重）の一角、糸重から分かれ、服部商店として羽振りを利かせていた。激しい相場変動の世界を生き抜いてきた服部だったが、大正3年の綿布の買い占めで大きな損失を招き、全財産を失ってしまう。

しかし、この時は間もなく勃発した欧州大戦景気で息を吹き返し、再び商売の第一線に踊り出る。

服部は近藤繁八（近藤紡績社長・近藤信男の厳父）と2大成り金と呼ばれるが、大正9年のパニック襲来ですってんてんとなり自殺して果てる。莫大な借金を背負い込んだ服部商店は三輪が先頭に立って再建に当たる。

「三輪はさらに自分の財産を、幼い子供のための貯金もふくめて一切、店の再建のために投げ出した。そして東海紡績（のち日清紡績に合併）株300株だけの運用で生計費をまかない、店からは無報酬、無賞与で働き続けた。（これは大正年間中続いた）三輪常次郎は5日も6日も眠らずに通すこともあった。彼はこの時36歳、もはや失う何ものもない境地に立って生来の度胸は益々不敵さを加え、おそろしいほど強気一点張りの商法をとった。前車が覆ったワダチのあとへも、意識して踏み込んで行った。服部兼三郎を上回る放胆さをもって、先物市場での活躍を始めたのである」（城山三郎著「創意に生きる――中京財界史」）

大正バブル景気下では日本中で大胆な投機、思惑が横行し、その反動で倒れる会社が多かったが、名古屋では比較的少なかった。それは名古屋の商人は日ごろから投機、思惑を敬遠する風潮が強く、服部を除いては小規模にとどまった。城山三郎も「程度の差こそあれ、繊維関係の業者は、一様に衝撃を受けたわけで、ただ名古屋財界ではカネカ（服部商店）など少数の例外を除き、投機、思惑に華々しく活躍していた例が少なく、堅実一本に終始していたため大きな破綻が少なかった」と記している。

強気一点張り、名織理事長兼会議所会頭

旧主人服部兼三郎から仕込まれた相場師としての才覚が昭和初期の金解禁――金輸出再禁止と続く金融混乱期に見事に開花、大ヤマを当てる。

「服部商店は従来の不振を一挙に取り戻すばかりか、今日の大を成す基礎を築くに至った。三輪氏はこの利益によってようやくひと息つくや、ただちに明治銀行に全額を返済したという」（同）

旧主人が相場に撃たれて憤死したかたきを、三輪は見事に相場で切り返した。

昭和9年ころには全日本綿織物工業組合連合会の理事長になり、名古屋商工会議所の常議員になる。第2次大戦後商工会議所会頭に推される下地はすでにできている。

「名古屋の三輪から日本の三輪へと飛躍しようとしているから偉いもんさ。しかし小僧時代忠七、忠七と呼ばれて走り回っていた時代から今日の隆盛に至る苦闘の跡を顧みる時、超人的な努力と誠実の結晶がある」（小柴茂生著「財界夜話」）

昭和13年から同38年に他界するまで、戦中戦後の取引所空白期間を除いて名古屋繊維取引所の理事長を務めた。

信条

- 判断が早く、見通しが正確、相場とともに生き、経済の動きに鋭敏
- 仲買人商売だけでなく、生産部門に進出したのが成功の1因
- ソロバンを外さない（中部財界人物伝）
- 生来、勘がよく、仕事熱心
- 綿布の商いは名人芸の域に近かった（城山三郎）

【みわ　つねじろう　1886～1963】
明治19年愛知県出身、生糸商三輪伊助の長男として生まれ小学校を卒業すると名古屋の織物問屋、服部兼三郎商店の小僧となる。日露戦争後、大連、鉄嶺に4年間滞在、中国人に綿布を販売した。大正元年株式会社化すると取締役支配人に就任、同3年店主が綿布の買い占めに失敗、以来、三輪が実権を握る。同15年名古屋綿絲取引所理事に就任、昭和4年社長に就任、同13年名古屋綿絲取引所の理事長に就任、戦中戦後の空白期間を経て、同取引所が同26年、約10年ぶりに名古屋繊維取引所として復活すると、初代理事長に就任、同38年他界するまでその職にあった。同15年社名を興亜紡績（のち興和紡績→興和）に改称、同21年名古屋商工会議所会頭（同25年まで）、同25年相談役就任。（写真は和田宏著「中部財界人物伝」より）

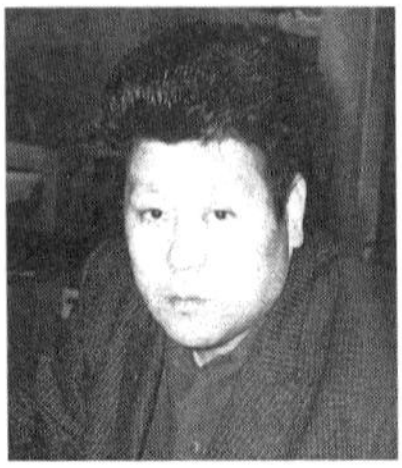

安田 甫

大学時代から相場に親しむ

安田甫の生家は大正2年創業の名古屋でも有数の米穀問屋で、生まれながらに相場に親しんできた。高校時代に相場を研究し始め、大学時代には親に内緒で株式相場を張り、折からの証券ブームに便乗し、かなりもうけた。

だが文献などを集め相場研究が高じて卒業に必要な単位が不足しそうになってあわてたこともある。

大学を卒業すると、すぐ父や兄稔が営む米常商事に入って本格的に相場と取り組むようになる。稔が米穀卸を担当、甫は先物取引部門の責任者を任される。なんどか相場の難しさに直面、相場研究をやめようかと思ったこともあるが、そのつど、父や兄から励まされて、歯を食いしばって頑張った。

このころは小豆相場の全盛期で、「安田祥雲斉」の名は穀物相場ファンの間でとどろき始めていた。専門紙上において、祥雲斉の予想がズバズバ的中するため、投資ルック誌の記者が取材で名古屋を訪ねた。昭和40年のことで、まだ30歳になったばかりだが、すでに米常商事専務であり、昼は専務、夜は祥雲斉と1人2役をこなす。

相場は人生修養の場である

「私の24時間は相場だ」といい切るのは、自信の表れであろう。安田はまず相場に臨む心構えから説き始める。

「相場をやるには『意地を張るな』と申し上げたい。なんの場合でも合理的にやらなくてはならない。相場でこうと思ったら、それをやり抜かないと気の済まない人がいる。途中で間違っていたと気付いても初志貫徹といきたがるが、これは相場を張らず意地を張っているのだから、真剣勝負の世界には通用しない。柔軟なものの考え方で対処すべきです」（投資ルック・昭和40年3月号）

安田はいつも〝相場と人生〞ということを考える。相場の世界は人生、生活と共通することが多いと強調する。

「いつも相場をみていて反省するのですが、冷静であることが大切ですね。自分の思惑が的中すると図に乗って興奮し、冷静な判断力を失い、奈落の底に突き落とされた例は多いです。冷静に考えることができれば、公正な判断ができるから失敗が少ない。だから冷静な人は相場に勝つ素質があるといえますね。相場は人生修養の場だとつくづく思います」(同)

記者から「あなたは相場を張っているか」と水を向けられると、安田はあわてて「やっていません」と否定する。

父から「お客様のお金を預かって商売しているのだから決して自分で相場を張ってはいけない」といわれているのだ。これは米常商事の憲法みたいなもので、相場名人の祥雲斉といえども破るわけにはいかない。だが、「憲法遵守」といいながらいたずらっぽく笑うのは、祥雲斉が単なる研究家にとどまらず、実践家でもあることの証明といえよう。

客の注文を決して呑まない

そのころの業界専門紙が「理論と実践を重ね、相場に生きるド根性の持ち主」と安田を評しているのは安田の神髄を突いているように思える。当時、お客の注文に向かう、〝のみ屋〟と呼ばれる仲買人が多かったが、「お客の注文を決してのむな」というのが安田家の家憲であった。そして安田はこう語る。

「相場研究に打ち込むという生活を続けているので家庭的には全く落第亭主です。相場の研究には、これで免許皆伝という絶対的なものはないのだから、今後も落第亭主が続くでしょうね。家族には気の毒だけど、当分は相場一本に打ち込みます」(同)

安田は江戸時代の2大相場師、本間宗久と慈雲斉牛田権三郎とでは後者の教えを重く受け止めているようだ。だから牛田翁にあやかって雅号を祥雲斉としたのであろう。牛田の残した相場秘伝書「三猿金泉録」の名歌の数々は空んじていたに違いない。

安田甫は平成17年他界、同21年米常商事は先物取引の受託業務を廃止、同25年米常ライスと改称、今も米穀卸売業を続けている。

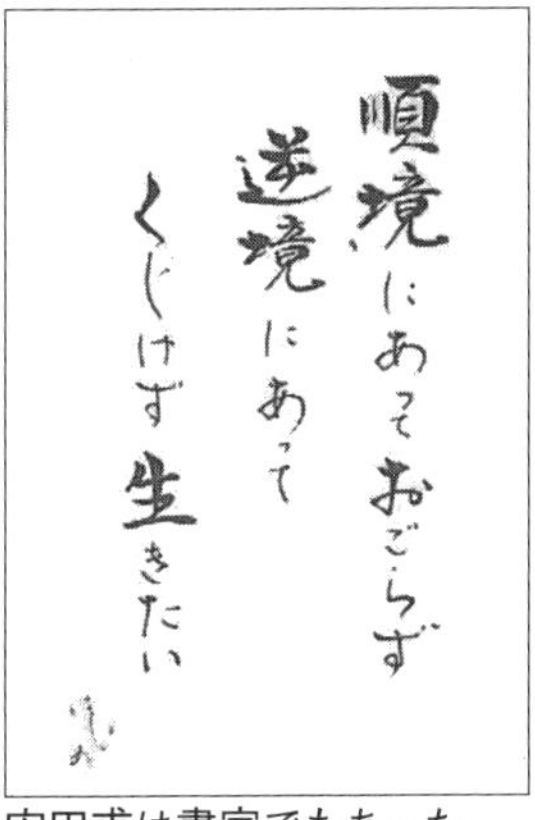

安田甫は書家でもあった。

信条

- 環境、材料、人気で相場が決まる
- 相場に意地は禁物
- 相場は人生修養の場であり、男一生の仕事だと信じて疑わない

【やすだ　はじめ　１９３４〜２００５】

昭和9年愛知県出身、愛知大学法学部卒、父親が経営する米穀問屋兼穀物取引所仲買人、米常商事に入社、専務として清算取引部を担当、兄稔の後を継いで社長に就任。祥雲斉の雅号を持つ書家であり、相場研究家でもある。平成10年から商品取引受託者務補償基金協の理事、監事を務めた。（写真は商品取引受託債務補償基金協会の会報「きずな」平成11年10月号より）

あとがき

日本経済新聞電子版のコラム「相場師列伝」は日経金融新聞時代から数えると13年半に及ぶ長寿コラムで、今も続いています。毎週1人登場するのですから相場師は累計650人に上ります。本書では第2次大戦後の商品先物市場で活躍した相場師に限定し、56人の信条と生き方をまとめました。大部分は日経電子版から選抜しましたが、笹川良一、児玉誉士夫、小室あさの3氏はモーニングスター株式新聞の「アマチュア相場師列伝」で扱かった人物です。転載に当たっては全面的に見直し、加筆修正しました。

戦後の商品先物市場で人気を集めたのは「赤いダイヤ」の小豆でした。東京、大阪、名古屋、神戸、関門、北海道の6取引所に上場され、プロとアマが一緒になって小豆相場の一高一低に一喜一憂したものです。

「たかが小豆、されど小豆」。戦前人気の中心であったコメの代用品として登場した小豆でしたが、大化けしました。小説や映画、ドラマに取り上げられ、昭和57年に金が上場されるまでは商品先物市場のシンボル商品でした。

「赤あん」原料の小豆の弟分・「白あん」原料の大手亡豆は需給量の少ないミニチュア商品のためしばしば買い占め・売り崩しの対象とされました。文字通り「大手を亡ぼす豆」と恐れられました。

小豆・大手亡の穀物市場では草創期から仕手戦が展開されました。山種、吉川太兵衛、柴源一郎らが主役を演じ、昭和30年代に入ると、伊藤忠雄、小川文夫が前面に出てきて納会の直前になると東海道を小豆を満載したトラックが数珠つなぎになると言った伝説が生れます。「静岡筋」栗田嘉記や「桑名筋」板崎喜内人、山昭・山憲コンビなど混戦となり市場を沸かせました。

糸へんも賑わいました。生糸・乾繭市場では伊藤忠商事など大手商社や「まむしの本忠」本田忠、寺町博らが大きな玉を張ったため取引所は市場管理に追われました。

綿糸では近藤紡・近藤信男、西山九二三、市橋市太郎ら実需筋が相場の主導権を握りました。中でも近藤紡は伊藤忠の越後正一と丁々発止の名勝負を展開、ともに「相場の神様」と称されたものです。

毛糸は林紡・林茂、五十棲宗一らが舞台に立つと取り組みが大きく膨らんで名古屋繊維取引所の出来高が東穀を上回ることもありました。人絹糸は「糸将軍」川村佐助が市場の主役で場違い筋からも人気がありました。川村の信条は「足るを知る」で山種の「腹八分」と同工異曲でしょう。

ゴムには丸紅など大手商社が登場、プロの相場師も交えダイナミックな相場展開でその相場は国際指標とされました。山文産業の亀井定夫はゴムで大勝利を収め、「私はこうして商品相場で儲けた」を出版、話題を呼びました。

戦後の商品先物市場の賑わいをグラフ化すると平成15年が分水嶺を成していま す。昭和25年のスタートから半世紀は基調として右肩上がりできましたが、最近の15年間は「不招請勧誘の禁止」という思いもよらぬ勧誘規制の導入で大きく落ち込んでいます。このまま消滅に向かうのではないかと言った悲観論もありますが、歴史的に見れば、余りにも先を急いだ反動で、一つの調整局面とみればいいでしょう。

商品相場が激しく波動を描くのと同様に、市場の出来高も大きく膨らみ千客万来のこともあれば、閑古鳥がペンペン草をつっつくこともあります。自由な経済体制が続く限り商品先物市場は不滅です。先人たちの生き方と戦いの中からつかんだ相場の神髄に触れていただきたい、そんな思いで本書をまとめました。

大垣の大石吉六は「罫線を破れ。燃やしてしまえ」といい、横浜の角田純一は「すべては罫線の中にある」と宣う。ブルとベアが相場の先行きを巡って「強弱」を闘わせる場面の到来を願っています。今は一相場終わった後の小休止の時間帯、再び動き出す商品先物相場に勝利するため作戦を練っておきたいものです。相場道場は人生道場そのものです。これは多くの相場名人の言葉でもあります。

平成30年　初夏

鍋島　高明

鍋島 高明 *Nabeshima Takaharu*

昭和 11 年高知県生まれ。34 年早大一政・経済卒、日本経済新聞社入社。47 年商品部次長、58 年同編集委員、夕刊コラム「十字路」「鐘」、朝刊「中外時評」執筆。日経産業消費研究所、日経総合販売を経て、現在は市場経済研究所会長。

著 書

「実録 7人の勝負師」（パンローリング）、「蛎殻町一隅の記」（米穀新聞社）、「大番頭 金子直吉」（高知新聞社、第 58 回高知県出版文化賞受賞）、「相場の世界 昔と今と」（米穀新聞社）、「中島及著作集 一字一涙」（高知新聞社）、「介良のえらいて」（五台山書房）、「高知経済人列伝」（高知新聞社）、「人はみな相場師―勝つための法則」（河出書房新社）、「細金鉚生、かく闘えり」（市場経済研究所）、「岩崎弥太郎―海坊主と恐れられた男」（同）、「語り継がれる名相場師たち」（日経ビジネス人文庫）、「マムシの本忠―吉原軍団が行く」（パンローリング）、「一攫千金物語」（河出書房新社）、「日本相場師列伝」（日経ビジネス人文庫）、「日本相場師列伝Ⅱ」（同）、「反骨のジャーナリスト中島及と幸徳秋水」（高知新聞社）、「幸徳秋水と小泉三申―叛骨の友情譜」（同、第 52 回高知県出版文化賞受賞）、「相場師と土佐」（米穀新聞社）、「相場師秘聞」（河出書房新社）、「賭けた 儲けた 生きた」（同）、「相場ヒーロー伝説」（同）、「相場師奇聞」（同）、「相場師異聞」（同）、「今昔 お金恋しぐれ」（同）、「鎧橋のほとりで」（米穀新聞社）、「市場雑観」（五台山書房）ほか。
日経新聞・電子版で「相場師列伝」（週 1 回）、モーニングスター「株式新聞」で「アマチュア相場師列伝」（月 1 回）を連載中。

相場名人 信条と生き方 ― 戦後のＣＸ《商品先物》市場を彩る56人 ―

2018年 7 月 1 日　初版第 1 刷発行
著　者　鍋島 高明
発行者　後藤 康徳
発行所　パンローリング株式会社
〒160-0023　東京都新宿区西新宿 7-9-18 6階
TEL 03-5386-7391　FAX 03-5386-7393
http://www.panrolling.com/
E-mail　info@panrolling.com
装幀・編集　株式会社CDアートスタジオ
印刷・製本　シナノ印刷株式会社

ISBN978-4-7759-9157-2
落丁・乱丁本はお取り替えします。